El papel de organizaciones basadas en la fe en la prevención y la atención del VIH en América Central

Kathryn Pitkin Derose, David E. Kanouse, David P. Kennedy,

Kavita Patel, Alice Taylor, Kristin J. Leuschner, Homero Martinez

RAND

INVESTMENT IN PEOPLE AND IDEAS

A study by RAND Health

Los fondos para este trabajo provienen, en parte, de la generosidad de los donantes de RAND y, por otra, de las cuotas obtenidas a partir de investigaciones financiadas por clientes, y se realizó en RAND Health, una división de RAND Corporation.

Datos de catalogación de la Biblioteca del Congreso de los Estados Unidos están disponibles para su publicación.
ISBN 978-0-8330-4999-5

RAND Corporation es una organización sin fines de lucro dedicada a la investigación, y proporciona análisis objetivos y soluciones efectivas que abordan los desafíos que enfrentan los sectores privados y públicos en todo el mundo. Las publicaciones de RAND no necesariamente reflejan las opiniones de sus patrocinadores y clientes de estudios de investigación.

RAND® es una marca comercial registrada.

Foto de tapa cortesía de Dina Rodriguez

© 2010 RAND Corporation

Publicado en 2010 por RAND Corporation
1776 Main Street, P.O. Box 2138, Santa Monica, CA 90407-2138
1200 South Hayes Street, Arlington, VA 22202-5050
4570 Fifth Avenue, Suite 600, Pittsburgh, PA 15213-2665
URL de RAND: http://www.rand.org/
Para pedir documentos de RAND u obtener información adicional, comuníquese con Servicios de Distribución: Teléfono: (310) 451-7002;
fax: (310) 451-6915; correo electrónico: order@rand.org

Prefacio

Históricamente, las organizaciones basadas en la fe (OBF) han desempeñado una función importante en la prestación de servicios sociales y de salud en países en desarrollo; sin embargo, poco se ha investigado sobre su papel en la prevención y la atención del VIH, particularmente en América Latina. El proyecto Búsqueda de un Alcance Mayor en la Respuesta al VIH en América Latina (*HIV Outreach in Latin America*, HOLA) tuvo como objetivo abordar esta brecha, para lo cual se realizó un estudio exploratorio y cualitativo de la participación de las OBF en temas relacionados con el VIH/sida en tres países de América Central muy afectados por tal epidemia: Belice, Guatemala y Honduras. El estudio incluyó entrevistas con informantes clave en diferentes instituciones interesadas en el tema, incluyendo a líderes del sector de la salud y de las OBF, además de visitas de campo a programas, otras actividades, hospicios y clínicas de VIH/sida patrocinados por OBF.

Este informe resume los resultados de este estudio exploratorio. Proporciona una visión general de la epidemia en cada país estudiado, y de la variedad de actividades de prevención y atención del VIH realizadas por las OBF. Asimismo, examina a los facilitadores de estas actividades, y también a los desafíos propios de la participación de las OBF en la prevención y la atención del VIH. Finalmente, ofrece recomendaciones sobre alternativas prometedoras que las OBF pueden seguir para abordar la epidemia del VIH, tanto en forma independiente como en colaboración con otras entidades, tales como ministerios de salud. Los resultados deben ser de interés para los responsables de otorgar financiamiento, las autoridades responsables de formular políticas y los líderes del sector de la salud y de las OBF que desean entender la función que estas organizaciones pueden desempeñar en la respuesta al VIH/sida.

Este trabajo fue patrocinado por diversas entidades. Se financiaron las actividades de trabajo de campo (entrevistas, visitas de campo y análisis preliminares) que sirvieron de base para el informe con fondos del programa continuo de RAND para la investigación autoiniciada; los fondos para dicha investigación provienen, en parte, de la generosidad de los donantes de RAND y por otra, de las cuotas obtenidas a partir de investigaciones financiadas por clientes. El Programa de Salud Internacional de RAND y RAND Health proveyeron fondos para la redacción del informe. La publicación del informe fue financiada por el subsidio número R01-HD50150 del Instituto Nacional de Salud Infantil y Desarrollo Humano (National Institute of Child Health and Human Development, NICHD) de los EEUU y el Programa de California de la Investigación sobre el VIH/sida (California HIV/AIDS Research Program, CHRP). Sin embargo, el contenido del informe es exclusiva responsabilidad de los autores, y no representa necesariamente la opinión oficial de RAND, NICHD ni del CHRP.

La investigación se realizó en RAND Health, división de RAND Corporation, una institución sin fines de lucro que ayuda a mejorar las políticas y la toma de decisiones a través de la investigación y el análisis. Para consultar un perfil de RAND Health, resúmenes de sus publicaciones, y para pedir información, puede visitarse www.rand.org/health.

Contenido

Figuras

Tablas

Resumen

La presencia del VIH/sida en América Latina ha sido denominada "la epidemia ignorada" porque ha sido relegada a un segundo plano por epidemias de mayor escala y gravedad en África subsahariana y Asia. El abordaje del VIH en América Latina se ha descrito como una oportunidad para prevenir epidemias tan devastadoras como las de África subsahariana y para aplicar las lecciones aprendidas en África y Asia, pero las campañas gubernamentales para hacer frente a la epidemia en América Latina han sido insuficientes. Se sabe desde hace tiempo que las iglesias y otras OBF tienen un alcance amplio y una presencia diversa en América Latina, por lo cual es natural preguntarse qué tipo de función podrían desempeñar dichas organizaciones en el abordaje del VIH/sida. Al mismo tiempo, existen posibles obstáculos para la participación de las OBF, tales como la "moralización" de algunas OBF en relación con el VIH/sida, y en general su falta de experiencia en rendir cuentas de los gastos y documentar el impacto de sus programas.

Este estudio intenta profundizar el conocimiento acerca de estos temas, para lo cual se centra en el papel actual y potencial de las OBF en la prevención y la atención del VIH en tres países de América Central: Belice, Honduras y Guatemala. Cuando iniciamos nuestro estudio, estos países tenían unas de las más altas prevalencias de VIH en América Latina: Belice, con una prevalencia del 2.5%; Honduras, 1.5%; y Guatemala, 0.9%. Llevamos a cabo una revisión de la literatura y entrevistamos a informantes clave en diferentes instituciones interesadas en el tema, incluyendo a líderes en el sector de la salud y en las OBF de los tres países, y complementamos esta información con visitas de campo a programas, otras actividades, hospicios y clínicas de VIH/sida patrocinados por las OBF.

El alcance del VIH y el sida en Belice, Guatemala y Honduras

En los tres países, el VIH afecta principalmente a adultos jóvenes, hombres que tienen relaciones sexuales con hombres (HSH) y a trabajadores sexuales. En Honduras y Belice, los pueblos garífuna, descendientes de esclavos africanos, también se ven sumamente afectados. Las mujeres en general representan una porción creciente de la población VIH positiva, aunque esta tendencia puede simplemente reflejar la propagación natural de la epidemia a través del tiempo. En los tres países, pero especialmente en Guatemala, la atención del VIH/sida no está ampliamente disponible en el sistema de salud, y los hospitales y el personal de atención de la salud que tienen experiencia en el VIH están centralizados particularmente en la capital y las principales ciudades. En general, los gobiernos dan un mayor énfasis al tratamiento que a la prevención; sin embargo, la necesidad de sostener la cobertura antirretroviral (ARV) en el largo plazo no ha sido abordada. La discriminación y el estigma también representan problemas importantes.

Actividades actuales de las OBF para la prevención y la atención del VIH

Nuestro estudio encontró que muchas OBF ya participan en algunas actividades relacionadas con la prevención y las pruebas del VIH, los servicios de atención y apoyo, la reducción del estigma y la promoción.

Prevención y pruebas diagnósticas. Hasta la fecha, las OBF han tenido una participación relativamente limitada en la prevención del VIH. La mayoría de sus actividades de prevención de las OBF se centran en la educación de niños y jóvenes, y muy pocas se dirigen a poblaciones de alto riesgo y sumamente estigmatizadas, tales como HSH o trabajadores sexuales. Los líderes de las OBF tienen muy variadas actitudes respecto del uso del condón, aunque la mayoría de estos líderes se oponen a su uso, o bien, están dispuestos a mencionarlo únicamente en determinadas circunstancias y para ciertos fines (por ej., parejas serodiscordantes). Algunas OBF, por ej. en Honduras, han comenzado a ofrecer pruebas rápidas de VIH (saliva y sangre), tanto a la población general como a grupos de alto riesgo.

Servicios de atención y apoyo. Las OBF a menudo no han participado en la atención médica o la atención de la salud mental. Algunas (generalmente, organizaciones no gubernamentales [ONG] basadas en la fe) prestan servicios tales como administración de la atención médica, administración de agentes antirretrovirales (ARV) y tratamiento de infecciones oportunistas. Por el contrario, una cantidad relativamente grande de las OBF, especialmente en Guatemala y Honduras, han participado en el suministro de albergues o de hospicio a personas que viven con el VIH (PVV), aunque las dimensiones y la calidad de los distintos centros varían. Las OBF de los tres países también brindan orientación psicológica y espiritual, oración y atención para moribundos, grupos de apoyo y otras formas de atención pastoral. Muy pocas OBF se centran específicamente en mejorar el bienestar socioeconómico de las PVV (por ej., a través de la asistencia formal con alimentos y nutrición, o con la generación de ingresos).

Reducción del estigma y actividades de promoción. Algunas OBF participan en actividades para la reducción del estigma, por ejemplo, marchas solidarias, sermones, talleres e interacciones con los familiares. Algunas otras también se dedican a actividades de promoción, por ejemplo, fomentando el respeto de los derechos humanos de las PVV, enseñando a las PVV cuáles son sus derechos laborales, defendiendo el acceso a tratamientos y preparando líderes religiosos para que formen a otras personas de sus congregaciones en la prevención y atención del VIH.

Facilitadores y obstáculos que afectan las actividades relacionadas con el VIH/sida realizadas por las OBF

Nuestras entrevistas con líderes de las OBF y del sector de la salud aportaron percepciones sobre modos que podrían facilitar la participación de las OBF, además de los obstáculos que pueden dificultar su participación.

Facilitadores
Su gran alcance e influencia. En los tres países, hubo una sensación general de que las OBF podrían aprovechar su gran alcance e influencia para crear conciencia y reducir el estigma que afecta a las PVV y para brindar apoyo y atención a estas personas, especialmente en las áreas

en que hay vacíos de atención, tales como la nutrición y en actividades generadoras de ingresos. Algunos líderes de salud y la mayoría de los líderes de las OBF señalaron que la influencia que las OBF tienen con los jóvenes y en áreas alejadas podría ayudarlas en la concientización y en la difusión de mensajes de prevención.

Obstáculos

Las actitudes y creencias de las OBF. Los líderes de salud mencionaron como desafíos importantes las actitudes de prejuicio y condena de las OBF hacia las personas gay, los HSH y los trabajadores sexuales, junto con su alcance limitado en estos grupos, lo que afecta el apoyo que estas OBF pueden brindar a las PVV. Los líderes de salud también se mostraron preocupados por la tendencia que los líderes de las OBF tienen de interpretar el VIH en términos religiosos. Las campañas de prevención del VIH se han visto además obstaculizadas por la dificultad que los líderes de las OBF tienen para analizar cuestiones relacionadas con el sexo y por las prohibiciones de las OBF en contra del uso del condón o su reticencia a promover su uso.

Obstáculos organizacionales. Varios líderes de salud mencionaron que no hay una única estructura que reúna a todos los grupos de fe, lo cual dificulta una mayor coordinación con este sector. Este desafío puede además agravarse con el multiculturalismo de la población.

Obstáculos de recursos. Los líderes de las OBF subrayaron que muchas iglesias no tienen recursos para actividades relacionadas con el VIH/sida. También mencionaron que aunque hay iglesias en casi todas las áreas geográficas y comunidades, no hay recursos para la atención de la salud en todas las áreas, lo cual dificulta la coordinación con personal de salud en áreas rurales.

Discrepancias y tensiones entre las OBF y organizaciones de salud laicas. Las entrevistas revelaron diferencias fundamentales de valores entre los líderes religiosos y los de salud. Estas diferencias los orientan en diferentes direcciones en cuanto a la prevención del VIH y además actúan como un obstáculo para lograr la confianza mutua, lo cual limita la capacidad de trabajar en colaboración. La más importante es que muchos líderes religiosos favorecen determinados métodos de prevención (tales como la abstinencia o la "fidelidad") y se oponen a otros métodos (como el uso del condón), basándose principalmente en sus creencias religiosas más que en la evidencia de la eficacia de cada método. Por el contrario, los líderes del sector de la salud favorecen los métodos de prevención que tienen probada eficacia en la prevención de la transmisión del VIH.

Conclusiones y direcciones futuras

Al analizar los resultados de las entrevistas, identificamos diversas funciones posibles que las OBF pueden cumplir en el abordaje del VIH/sida en los tres países.

Las OBF podrían asumir un papel más importante en la prevención y las pruebas diagnósticas, en asociación con personal de salud pública. No es realista esperar que muchas OBF cambien su enfoque hacia poblaciones de alto riesgo y hacia la promoción del uso del condón. Ya se trate de organizaciones basadas en la fe o no basadas en la fe, es más constructivo aceptar que las distintas organizaciones tienen niveles completamente diferentes de comodidad en relación con los abordajes específicos para la reducción de conductas de riesgo, y buscar una forma para que las organizaciones trabajen en conjunto respetando esas diferencias. No obstante, hay muchas acciones que las OBF podrían adoptar en respuesta al sida, por ej., alentar a las personas para que se realicen las pruebas diagnósticas y obtengan información sobre el VIH, especialmente si se considera que en todas las comunidades hay iglesias. Las OBF que proporcionan pruebas diagnósticas en asociación con personal de salud pública pueden enviar un mensaje constructivo que indique que hay tratamiento disponible para el VIH y que es conveniente que las personas conozcan su estado serológico.

Las OBF podrían participar más en la prestación de servicios de atención y apoyo (especialmente de algunos servicios que muy pocas veces se abordan). Las OBF ya prestan muchos servicios de este tipo. Estas actividades podrían ampliarse e incluir otros servicios necesarios, tales como el proveer transporte, alimentos, vivienda y actividades generadoras de ingresos.

Una importante función que ciertas OBF parecen estar singularmente calificadas para realizar es la reducción del estigma asociado con el VIH en la comunidad de fe y en la población en general. Considerando la autoridad moral de las OBF, su amplio alcance y su capacidad de influir en las actitudes, la reducción del estigma es un área en la cual las OBF podrían tener un efecto particularmente considerable. De hecho, la reducción del estigma parece esencial para aprovechar toda la capacidad que las congregaciones tienen para atender las necesidades de las PVV.

La promoción es otra área en la cual la función de las OBF podría ampliarse. Algunas OBF han asumido una función de promoción de los derechos de las PVV, y propugnan un mayor acceso a la atención de la salud, a los ARV o a los derechos en el lugar de trabajo. Estas actividades de promoción de los derechos pueden ser bastante importantes para contrarrestar los efectos de la discriminación o de la simple falta de atención.

Se necesita colaboración con otras organizaciones. Para que las OBF desempeñen un papel constructivo en el abordaje del VIH en colaboración con el sistema de atención de la salud, deben también reconocer las fortalezas singulares y complementarias que cada sector puede aportar para dicho abordaje. Hay además una serie de actividades que las OBF pueden realizar en colaboración con el sistema de atención de la salud:

- *Complementar* las actividades de otros a través del abordaje de las carencias que están fuera del alcance de la misión de otros o que los otros no pueden cubrir, por ej., creando proyectos de viviendas subvencionadas para PVV y hospicios, y facilitando actividades generadoras de ingresos en las cuales las PVV puedan participar cuando los ARV hayan estabilizado su estado de salud.
- *Reforzar* las actividades que otros realizan, por ej., recalcando los mensajes de prevención, brindando orientación para relaciones sexuales más seguras y alentando a las personas para que se realicen las pruebas diagnósticas.
- *Facilitar* las actividades de otras organizaciones, por ej., ofreciendo oportunidades para que los líderes de salud promuevan el uso del

condón junto con otras actividades que están bajo la responsabilidad organizativa directa de las OBF.
- *Apoyar* las actividades realizadas por otros, por ej., reconociendo el esfuerzo de otros y alentando a las personas para que apoyen los programas de otras organizaciones.

Las OBF también pueden permitir que otras organizaciones o instituciones, como el Ministerio de Salud u otros organismos similares, observen, supervisen y evalúen los programas de las OBF usando criterios objetivos y análisis rigurosos. También es necesario generar capacidad en las OBF para evaluar sus propios programas.

Los resultados de este estudio sugieren que podría ser valioso que los líderes del sector de la salud pública idearan maneras creativas que permitan usar efectivamente las fortalezas y capacidades de las OBF en el abordaje de las necesidades críticas propias de la epidemia del VIH/sida. Las organizaciones que realizan donaciones también podrían desempeñar un papel esencial en la promoción de la colaboración entre las OBF y los organismos públicos, a través de la provisión de fondos para la evaluación y el mantenimiento de tales asociaciones.

Reconocimientos

Nosotros, los autores, deseamos agradecer a aquellos que contribuyeron directa e indirectamente a nuestro informe. En particular, agradecemos a las muchas personas de Belice, Guatemala y Honduras (líderes religiosos, líderes del sector gubernamental y no gubernamental de la salud, representantes de organizaciones de personas con el VIH y otras instituciones interesadas en el tema) que nos permitieron entrevistarlas y aprender de su trabajo y sus perspectivas, a quienes no nombramos por motivos de confidencialidad.

También expresamos nuestro agradecimiento a nuestros patrocinadores por su apoyo, y en especial nos gustaría reconocer a James Thomson y Michael Rich, presidente y vicepresidente de RAND, respectivamente, quienes financiaron el trabajo de campo con fondos discrecionales para nuevas iniciativas; Paul Koegel, director asociado de RAND Health, y Ross Anthony, director de los Programas Internacionales de RAND Health; y Susan Newcomer, responsable del programa del Instituto Nacional de Salud Infantil y Desarrollo Humano (National Institute of Child Health and Human Development, NICHD).

También nos gustaría agradecer a nuestros revisores, Thomas Coates, profesor de la Facultad de Medicina de UCLA, y Gery Ryan, antropólogo investigador titular de RAND Corporation, por sus minuciosos y útiles comentarios que nos ayudaron a orientar y mejorar el informe. Finalmente, nos gustaría agradecer a Lizeth Bejarano, de RAND, por su ayuda en la preparación del informe.

Todo error es, por supuesto, responsabilidad de los autores.

Abreviaturas

AHSOVI	Asociación Hondureña de Solidaridad y Vida
APV	asesoramiento y pruebas voluntarias
ARV	antirretroviral
CDC	Centros para el Control y la Prevención de Enfermedades
CRS	Catholic Relief Services (Servicios Católicos de Ayuda)
FUNSALUD	Fundación Mexicana Para La Salud
HOLA	Búsqueda de un Alcance Mayor en la Respuesta al VIH en América Latina (*HIV Outreach in Latin America*)
HSH	hombres que tienen relaciones sexuales con hombres
M. de S.	Ministerio de Salud
MTS	mujeres trabajadoras sexuales
NAC	Comisión Nacional contra el Sida (*National AIDS Commission*) (Belice)
OBC	organización basada en la comunidad
OBF	organización basada en la fe
OCR	organismo de coordinación religioso
OMS	Organización Mundial de la Salud
ONG	organización no gubernamental

ONUSIDA	Programa Conjunto de las Naciones Unidas sobre el VIH/sida
OPS	Organización Panamericana de la Salud
PEPFAR	Plan de Emergencia del Presidente de los EE. UU. para el Alivio del Sida (*U.S. President's Emergency Plan for AIDS Relief*)
PTMH	prevención de la transmisión de madre a hijo
PVV	personas que viven con el VIH
TARV	terapia antirretroviral
UNFPA	Fondo de Población de las Naciones Unidas
UNGASS	Sesión Especial de la Asamblea General de las Naciones Unidas sobre el VIH/sida
UNICEF	Fondo de las Naciones Unidas para la Infancia
USAID	Agencia de los Estados Unidos para el Desarrollo Internacional

CAPÍTULO UNO

Introducción

La presencia del VIH/sida en América Latina ha sido denominada "la epidemia ignorada" porque ha sido relegada a un segundo plano por epidemias de mayor escala y gravedad en África subsahariana y Asia. La cifra de personas que viven con el VIH (PVV) en América Latina llegó a 1.7 millones a fines de 2007 (UNAIDS, 2008a). La Organización Mundial de la Salud (OMS) y el Programa Conjunto de las Naciones Unidas sobre el VIH/sida (ONUSIDA) previeron que la epidemia aumentará a 3.5 millones para 2015, a menos que se mejore la prevención. Aunque en la mayoría de los países de América Latina el sida representa una fracción relativamente pequeña de las muertes de adultos, los efectos económicos pueden ser de gran envergadura porque el sida tiende a afectar a las personas en los años más productivos de la vida (Abreu, Noguer and Cowgill, 2003). En consecuencia, el abordaje del VIH en América Latina se ha descrito como una oportunidad para prevenir epidemias tan devastadoras como las de África subsahariana y para aplicar las lecciones aprendidas en África y Asia antes de que sea demasiado tarde (Snell, 1999).

Dentro de América Latina, se ha admitido que América Central es la región más vulnerable a la propagación del VIH (Cohen, 2006b). Cuatro de los seis países de América Latina que tienen la más alta prevalencia de adultos (de 15 a 49 años de edad con VIH/sida) se encuentran en América Central (Belice, Honduras, Guatemala y Panamá). El hecho de que los países de América Central sean pequeños hace que la epidemia sea una amenaza grave para sus poblaciones y economías. El VIH/sida ha significado una carga económica importante tanto para los gobiernos como para los hogares de estos países. Sin embargo, los esfuerzos gubernamentales para hacer frente a la epidemia no han alcanzado un nivel que permita proporcionar una prevención efectiva y un acceso generalizado al tratamiento (Izazola-Licea et al., 2002).

Aunque América Central se caracteriza por la diversidad de etnias, idiomas, culturas y economías, un aspecto común a los tres países es la población predominantemente cristiana. Se sabe desde hace tiempo que las iglesias y otras organizaciones basadas en la fe (OBF) tienen un alcance amplio y una presencia diversa en los países en desarrollo. Dadas las limitaciones de disponibilidad de recursos e infraestructura de salud pública para enfrentar a la epidemia, y dado que las OBF cumplen una función importante en la prestación de servicios sociales y de salud en países en desarrollo, es natural preguntarse qué función cumplen actualmente y podrían cumplir en el futuro las OBF en el abordaje del VIH/sida.

Los expertos locales e internacionales en el VIH/sida están de acuerdo en cuanto a la necesidad de una respuesta multisectorial a la epidemia (Schwartländer, Coutinho, and Loures, 2002; Henry J. Kaiser Family Foundation, 2007) y muchos han pedido específicamente una mayor integración de las OBF en la respuesta al VIH/sida. Por ejemplo, organizaciones tales como la Agencia de los Estados Unidos para el Desarrollo Internacional (USAID), el Fondo de Población de las Naciones Unidas (UNFPA), Population Services International, Family Health International y el programa Plan de Emergencia del Presidente de los EEUU para el Alivio del Sida (U.S. President's Emergency Plan for AIDS Relief, PEPFAR) han recalcado el amplio alcance de las OBF, su experiencia en la prestación de servicios sociales y de salud en los países en desarrollo, su fuerte influencia sobre sus seguidores y la comunidad en general, y el hecho de que los líderes religiosos proporcionan acceso a un compromiso eficaz con algunas comunidades.

Al mismo tiempo, organizaciones tales como el Fondo Mundial y ONUSIDA también han insistido en que, aunque es importante trabajar con las OBF, se necesitan asociaciones y generación de capacidad para que las OBF hagan un aporte positivo, dada la "moralización" que ha acompañado a muchas de las primeras respuestas de las OBF a la epidemia (por ej., la consideración de que el VIH es un castigo divino). Algunas organizaciones están además preocupadas porque las OBF no tienen mucha experiencia en rendir cuentas de los gastos y documentar el impacto de los programas. Estas preocupaciones sugieren que puede haber obstáculos críticos para la participación de las OBF en el abordaje del VIH/sida.

Este estudio intenta profundizar el conocimiento sobre estos temas, para lo cual se centra en la función actual y potencial de las OBF en la prevención y la atención del VIH en los tres países de América Central que, cuando se inició el estudio, tenían las tasas más altas de prevalencia de VIH: Belice con una prevalencia del 2.5%; Honduras, 1.5%; y Guatemala 0.9% (ver Figura 1.1) (UNAIDS, 2007a, 2007b, 2007c). Analizamos el alcance y el impacto del VIH/sida en cada uno de los tres países, la variedad de servicios actualmente disponibles (a través de fuentes públicas y privadas), las actividades relacionadas con el VIH/sida en las cuales las OBF han participado hasta la fecha, y los facilitadores y los obstáculos para la participación de las OBF, según la percepción de diferentes líderes e instituciones interesadas en el tema.

En el resto de esta introducción, presentamos antecedentes de los tres países y las razones que llevaron a elegirlos para este estudio, el alcance del estudio y nuestro abordaje, incluidas las limitaciones del estudio.

Figura 1.1
Prevalencia general del VIH/sida en Belice, Guatemala y Honduras, 2007

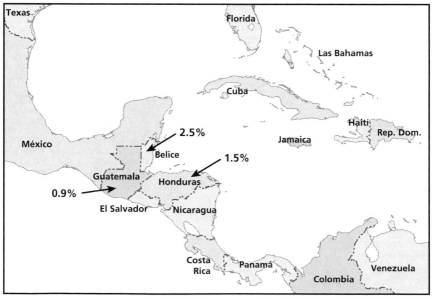

Antecedentes

Los tres países: Guatemala, Honduras y Belice

Decidimos centrarnos en los tres países de Guatemala, Honduras y Belice por diversas razones. En primer lugar, como ya se mencionó, estos países tenían las más altas prevalencias de VIH de la región cuando iniciamos el estudio.[1] En segundo lugar, queríamos centrar nuestro estudio en el nivel de país para captar un claro panorama de las actividades relacionadas con el VIH/sida en cada lugar, y estos países eran suficientemente pequeños como para entrevistar a la mayoría de los "protagonistas claves" en cada uno de ellos (gobierno, instituciones de atención de la salud, organizaciones no gubernamentales [ONG], OBF, etc.). En tercer lugar, por tratarse de un estudio cualitativo y exploratorio, estábamos sumamente interesados en analizar la variedad de respuestas dadas por las OBF, y aunque los tres países son contiguos, son bastante diversos en cuanto a la población, la economía y las políticas de gobierno, incluida la respuesta al VIH/sida. Esta diversidad nos permitía analizar la función de las OBF en una variedad de contextos socioeconómicos y de políticas. En cuarto lugar, luego de revisar la literatura sobre el tema y de hablar con informantes clave, sabíamos que las OBF habían participado en actividades relacionadas con el VIH/sida en los tres países. Además, como ocurre en otros países de América Latina, la población de cada uno de ellos es predominantemente cristiana, y oscila entre aproximadamente el 91% en Belice y aproximadamente el 97% en Guatemala y Honduras (World Christian Database, 2005). Por lo tanto, la exploración del tipo de funciones que las OBF han cumplido en relación con el VIH podría aportar información para acciones futuras en una variedad de contextos latinoamericanos.

Actualmente, no se sabe mucho sobre la función de las OBF con respecto al VIH en América Central y América Latina. Hasta la fecha, las investigaciones sobre la función de las OBF en la respuesta al VIH/sida se han centrado principalmente en África (Tiendrebeogo

---

[1] Como se explica en el capítulo dos, estas cifras luego se redujeron debido a un abordaje revisado con respecto al cálculo de la prevalencia en el mundo. Sin embargo, los tres países siguieron teniendo unas de las más altas prevalencias en América Central y América Latina en general.

and Buykx, 2004; Foster, 2004; Agadjanian and Sen; 2007, Bazant and Boulay; 2007, Hartwig, Kissioki, and Hartwig, 2006; Otolok-Tanga et al., 2007). Algunos estudios se han centrado en determinados países de otras regiones (Nussbaum, 2005; Woldehanna, Ringheim, and Murphy, 2005) o en un país del Caribe (Muturi, 2008; Genrich and Brathwaite, 2005). En general, estos estudios indican que, en las regiones estudiadas, las actividades de atención y apoyo se consideran fortalezas tradicionales de las OBF (particularmente, OBF cristianas), mientras que las campañas de prevención del VIH han encontrado gran oposición en círculos religiosos, lo cual a menudo ha afectado las campañas de colaboración (Parker and Birdsall, 2005; Tiendrebeogo and Buykx, 2004; Woldehanna, Ringheim, and Murphy, 2005). Después de revisar informes y materiales descriptivos sobre las actividades de las OBF en relación con el VIH/sida en África, Tiendrebeogo y Buykx (2004) señalaron que "los temas inextricablemente unidos de doctrinas religiosas, ética, moralidad y las posiciones oficiales de jerarquías religiosas, cuando se yuxtaponen a temas de sexualidad, género y VIH/sida pueden ser bastante incompatibles" (Tiendrebeogo and Buykx, 2004).

Alcance de este estudio

A fin de entender las funciones actuales y posibles de las OBF en la prevención y la atención del VIH en Belice, Guatemala y Honduras, analizamos las siguientes preguntas:

1. ¿Cuál es la necesidad de servicios relacionados con el VIH/sida en cada uno de los países? ¿Quiénes se ven más afectados por la epidemia de VIH/sida y qué servicios hay disponibles actualmente, ya sea de fuentes públicas o privadas? (Capítulo dos)
2. ¿Cómo han participado las OBF en actividades relacionadas con el VIH/sida? Por ej., ¿cuál es la variedad de actividades en las cuales han participado y de qué modo esto ha variado a través del tiempo y/o en diferentes países y con distintos tipos de OBF? (Capítulo tres)

3. ¿Cuáles son los facilitadores y los obstáculos para la participación de las OBF en actividades relacionadas con el VIH/sida? (Capítulo cuatro)
4. Considerando la información conocida sobre la epidemia y la participación de las OBF en el pasado, ¿cuáles son las funciones más importantes para las OBF? ¿Qué puede hacer que las OBF sean más eficaces en la respuesta al VIH/sida? (Capítulo cinco)

Marco de trabajo

Para examinar el alcance de las actividades actuales relacionadas con el VIH/sida y para considerar de qué modo las OBF ya han participado y podrían participar en el futuro, usamos el marco de trabajo presentado en la figura 1.2. La imagen divide las actividades relacionadas con el VIH/sida en diversas fases, las cuales corresponden a la posición de un individuo en el espectro de la atención del VIH/sida: prevención, pruebas diagnósticas, y servicios de atención y apoyo (estos últimos

Figura 1.2
Un marco de trabajo para comprender la variedad de actividades relacionadas con el VIH/sida patrocinadas por las OBF

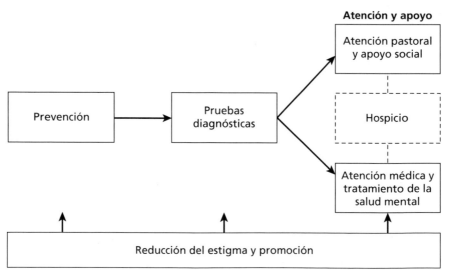

se dividen en atención pastoral y apoyo social, atención de hospicio, y atención médica y tratamiento de la salud mental). Otra categoría de actividades, a saber, la reducción del estigma y la promoción, abarca todas las fases, lo cual sugiere que las actividades de esta área pueden influir en la utilización que los individuos hacen de la prevención, las pruebas diagnósticas, y los servicios de atención y apoyo.

Reconocemos que algunas actividades relacionadas con el VIH/sida abordan múltiples fases de la atención del VIH/sida. No obstante, en este informe analizamos por separado las actividades de las OBF en relación con cada una de éstas, a fin de entender mejor cuáles fases del espectro se abordan adecuadamente y cuáles no.

Abordaje

A fin de responder a nuestras preguntas del estudio, realizamos entrevistas con informantes clave de diferentes instituciones interesadas en el tema, incluyendo a líderes en el área de la salud y en las OBF que trabajaban por lo menos en uno de los países de interés, y realizamos visitas de campo a programas, otras actividades, hospicios y clínicas de VIH/sida patrocinados por OBF. Entre los líderes del área de la salud se incluyeron representantes de organismos gubernamentales (por ej., ministerios de salud, comisiones y programas nacionales relacionados con el sida), organismos de asistencia bilateral (por ej., relacionados con la ONU), y organismos no gubernamentales locales e internacionales (por ej., organizaciones de personas con el VIH) y de instituciones de atención de la salud. Entre los líderes de las OBF se incluyeron clérigos, líderes laicos y representantes de ONG basadas en la fe, algunos de los cuales también eran profesionales de atención de la salud. También exploramos el entorno de la literatura (artículos de revistas especializadas, informes publicados y sitios web) para complementar la información reunida en las entrevistas, y también para proporcionar un contexto a nuestro estudio.

Entre marzo y julio de 2007, realizamos tres visitas de campo diferentes a cada país y estuvimos aproximadamente nueve días en cada uno para llevar a cabo las entrevistas personalmente. También realizamos algunas de las entrevistas a partes interesadas e informantes clave por teléfono (hasta diciembre de 2007). En total, entrevistamos a 111 personas que representan a diversos sectores: OBF, gobiernos, organismos de asistencia bilateral, instituciones de atención de la salud, personas que viven con el VIH y otras ONG.

Como se describe en la Tabla 1.1, categorizamos a los entrevistados para este estudio según su profesión principal o afiliación a organizaciones, aunque reconocemos que algunos individuos tienen tanto una afiliación con el sector de la salud como con el religioso.

Siguiendo la práctica establecida en un estudio previo sobre la respuesta de las OBF a huérfanos y niños en situación de vulnerabilidad (Foster, 2004), incluimos una variedad de OBF en el estudio, tales como:

- Congregaciones y/o sus clérigos: una agrupación local de creyentes (como una iglesia) que se reúne periódicamente (generalmente, en forma semanal)
- Organismos de coordinación religiosos (OCR): organizaciones intermediarias responsables de coordinar y apoyar a las congregaciones
- Organizaciones no gubernamentales: ONG basadas en la fe que emplean personal, reciben apoyo de donantes externos y que rinden cuentas a un grupo más amplio que una congregación o un organismo de coordinación religioso

Tabla 1.1
Nuestros entrevistados

Líderes del sector de la salud	Personas que trabajan con organizaciones seculares o que están afiliadas a ellas
	Incluye ministerios de salud, comisiones o programas nacionales relacionados con el sida, organizaciones de promoción de los derechos de PVV, etc.
	No tiene en cuenta ninguna afiliación religiosa personal ni posición de liderazgo religioso que estos individuos podrían tener
Líderes de las OBF	Personas que trabajan con las OBF o que están afiliadas a ellas
	Incluye congregaciones, denominaciones religiosas y cuerpos de coordinación interdenominacionales; hospitales, clínicas y hospicios con afiliación religiosa; organizaciones de desarrollo o ayuda internacional con afiliación religiosa, etc.
	No tiene en cuenta ninguna credencial ni capacitación formal en salud que estos individuos podrían tener

- Organizaciones basadas en la comunidad (OBC): grupos locales que se diferencian de las ONG porque no emplean personal de tiempo completo.

Dada la composición religiosa de América Central, distinguimos entre las diferentes agrupaciones confesionales, tales como católicas, evangélicas y pentecostales, y también protestantes tradicionales o históricos.

La Tabla 1.2 proporciona información sobre la cantidad de individuos entrevistados para cada tipo de organización y en cada uno de los tres países. En algunos casos, se realizaron entrevistas a grupos, por lo cual la cantidad real de entrevistas fue menor que el número de personas entrevistadas (24 para Honduras, 24 para Guatemala y 16 para Belice, o un total de 64 entrevistas con la participación de 111 personas). En el apéndice se presentan más detalles sobre nuestros métodos (estrategia de muestreo, análisis, etc.).

Limitaciones del estudio

Nuestro estudio tiene varias limitaciones. En primer lugar, usamos un diseño de estudio cualitativo, el cual proporciona muchos datos y ejemplos específicos correspondientes a los temas que estábamos explo-

Tabla 1.2
Cantidad de personas entrevistadas, por tipo de organización y país

Tipo de organización	Belice	Guatemala	Honduras	Total
Gubernamental y de asistencia bilateral	3	11	9	23
ONG	6	10	6	22
Católicas	1	5	11[a]	17
Evangélicas	2	7	23[a]	32
Protestantes tradicionales/ Organizaciones ecuménicas	7	1	9	17
Total	19	34	58[a]	111

[a] Las cifras más altas entre grupos católicos y evangélicos en Honduras se deben a que varios de nuestros contactos claves organizaron entrevistas a grupos (que incluyeron socios, participantes de programas, etc.) para que nosotros pudiéramos captar perspectivas más amplias.

rando. Sin embargo, como sucede con la mayoría de los diseños de estudios cualitativos, no intentamos obtener una muestra estadísticamente representativa de la población, sino que usamos un diseño de muestreo dirigido, en el cual seleccionamos una variedad de partes interesadas que representaban a diferentes sectores. Este método no nos permite acceder a una descripción generalizable ni cuantificable de la frecuencia con la cual las OBF participan en actividades particulares relacionadas con el VIH/sida, ni encontrar facilitadores u obstáculos particulares para esas actividades. En cambio, los resultados ayudan a establecer las distintas formas como las OBF abordan el VIH/sida y la variedad de facilitadores y obstáculos para esas actividades, que pueden ayudar a proporcionar información para estudios futuros. Además, aunque se hizo todo lo posible para entrevistar a representantes de diversos sectores (OBF, instituciones de atención de la salud, gobiernos, ONG locales e internacionales, incluidas las PVV), es posible que algunas perspectivas estuvieran sistemáticamente ausentes de los resultados si quienes no fueron entrevistados tendieran a tener actitudes o creencias compartidas sobre las OBF y las actividades relacionadas con el VIH/sida. Finalmente, al elegir a Belice, Guatemala y Honduras, analizamos las epidemias de sida que siguen concentradas, o que estuvieron concentradas hasta hace poco, a diferencia de las áreas de África subsahariana, en las cuales el VIH está más generalizado (es decir, se propagó a la población en general), y limitamos nuestro análisis a las OBF cristianas (dado que la abrumadora mayoría de OBF de esos países es cristiana). Nuestro estudio no puede informar sobre cómo las estructuras organizativas y filosóficas de otras comunidades de fe, tales como las musulmanas, budistas, hinduistas o judías, podrían influir en sus capacidades para adaptarse a las epidemias en sus propias regiones. A pesar de estas limitaciones, esta investigación, dado que es el primer estudio multinacional de participación de las OBF en actividades relacionadas con el VIH/sida en América Central, puede proporcionar información a los responsables de otorgar financiamiento, a autoridades responsables de formular políticas, y a líderes del sector de la salud y de las OBF a quienes les interese la función que las OBF pueden cumplir en la respuesta al VIH/sida.

CAPÍTULO DOS

Antecedentes y panorama general de la región

Para comprender plenamente la función que las OBF cumplen actualmente en el abordaje del VIH/sida y la que podrían cumplir en el futuro, es importante entender primero cuál es el alcance de los servicios que se necesitan para la prevención y la atención del VIH/sida. Este capítulo recurre a informes publicados para proporcionar un breve panorama general de los contextos relacionados con la epidemiología del VIH y los servicios para el VIH en Belice, Honduras y Guatemala. Desde el punto de vista epidemiológico, nos concentramos en las personas afectadas por el VIH/sida, y describimos el alcance y la distribución del VIH/sida en estos países. Desde el punto de vista organizacional, analizamos qué servicios relacionados con el VIH/sida (incluidos los de prevención y tratamiento) se prestan en cada país y qué políticas se implementaron en relación con el VIH/sida.

¿A quién afecta el VIH y el sida?

Los datos demográficos y epidemiológicos dan un panorama de las poblaciones de los tres países y de las personas más afectadas por el VIH/sida. Primero, destacaremos los indicadores demográficos generales; luego, analizaremos los indicadores específicos del VIH/sida dentro de cada país y, finalmente, nos referiremos a aquellas poblaciones que se consideran más expuestas al VIH/sida. La comprensión de cuáles poblaciones y grupos etarios se ven afectados puede ayudarnos a entender qué clases de servicios son más necesarios y, en consecuencia, indicar cómo las OBF podrían participar de alguna manera. Asimismo, estos datos pueden ayudarnos a identificar cuáles poblaciones tienen una mayor necesidad de servicios, lo cual puede contribuir a determinar hasta qué punto las OBF están bien posicionadas para abordar la epidemia.

Indicadores demográficos generales

Aunque el total de habitantes de cada país varía, los tres países tienen poblaciones jóvenes y en aumento. Como se muestra en la Tabla 2.1, la cantidad total de habitantes varía mucho al comparar los tres países: Guatemala (aproximadamente 13 millones) casi duplica la cantidad de habitantes de Honduras (aproximadamente 7 millones), y Belice tiene mucho menos habitantes (menos de 300,000). Aproximadamente la mitad de los habitantes de Belice, Guatemala y Honduras están en el grupo que tiene de 15 a 49 años de edad, el grupo más afectado por el VIH. Los tres países también tienen las tres tasas de crecimiento demográfico más altas de toda América Latina y del Caribe (estos datos no se presentan).

Los países varían en cuanto a las razas y etnias. Belice es el más heterogéneo, siendo el 49% de la población mestiza o ladina (personas descendientes de la mezcla de indígenas y europeos), 25% mulata (personas descendientes de la mezcla de africanos y europeos), 11% indígena, 6% garífuna o descendiente de africanos y 9% de otros orígenes étnicos (asiáticos surorientales, blancos, chinos, etc.). Los garífunas descienden de esclavos africanos que vivieron en América Latina durante más de 200 años. Guatemala tiene dos etnias principales: aproximadamente un 59% son mestizos o ladinos y 40% son indígenas, con un muy pequeño porcentaje (<1) de garífunas u otras etnias negras, y otros orígenes étnicos. Honduras tiene la mayor proporción de mestizos (93%), 6% de grupos indígenas, y aproximadamente un 1% de garífunas u otras etnias negras.

Un alto porcentaje de la población de la región vive en condiciones de carencia. En Honduras, el 69% de la población vive en la pobreza y el 25% de personas que tienen 15 años de edad o más son analfabetas; en Guatemala, el 55% vive en la pobreza y el 32% es analfabeto; y en Belice, el 25% vive en la pobreza y el 7% es analfabeto. Los tres países tienen proporciones similares de habitantes que viven en áreas urbanas (48 al 50%).

Tabla 2.1
Indicadores demográficos y socioeconómicos por país

Indicador	Belice	Guatemala	Honduras
Total de habitantes	294,000	13,677,000	7,322,000
Población entre 15-49 años (%)	53	47	51
Raza/origen étnico (%)			
Mestizo/ladino	49	59	93
Indígena	11	40	6
Mulato (africano-europeo)	25	N/D	N/D
Garífuna/negro/africano	6	<1	1
Otro	9	<1	
Urbano (%)	50	50	48
Viven en la pobreza[a] (%)	25	55	69
Analfabetismo de personas de 15+ años de edad[b] (%)	7	32	25

FUENTES: CEPAL, 2008 (para el total de habitantes y los porcentajes de población de 15 a 49 años de edad, urbana, que vive en la pobreza y que es analfabeta); Central Statistical Office, 2000 (para raza/origen étnico); Censos Nacionales XI de Población y VI de Habitación, Guatemala, 2002 (Guatemala); González, 2006.

[a] La cifra de pobreza de Belice se obtuvo de la publicación "*Salud en las Américas 2007,* de la Organización Panamericana de la Salud (OPS) (los datos del porcentaje de la población que vive en la pobreza no estaban disponibles en el censo del año 2000 de Belice). Los indicadores de pobreza que se informan corresponden a 2006 para Guatemala y a 2007 para Honduras. Según el *Anuario estadístico*, la pobreza se define como el porcentaje de personas cuyos ingresos son inferiores al doble del costo de una "canasta básica de alimentos" (CEPAL, 2008).

[b] El porcentaje de población urbana se calcula dividiendo la cantidad de habitantes de las áreas urbanas por la cantidad total de habitantes. Las definiciones de población "urbana" varían según el país. Según el *Anuario Demográfico* (2007) de la ONU (United Nations, 2007), en Guatemala, las áreas urbanas son "la municipalidad de los departamentos de Guatemala y los centros reconocidos oficialmente de otros departamentos y municipalidades", mientras que en Honduras, las áreas urbanas constituyen "localidades de 2,000 o más habitantes, las cuales tienen características esencialmente urbanas"; no se encontró la definición para Belice.

Prevalencia del VIH/sida y mortalidad por el VIH/sida en los tres países
Los datos epidemiológicos brindan un panorama general amplio de quiénes están afectados por el VIH/sida en los tres países. Sin embargo, debemos señalar que nuestra comprensión del alcance del VIH y del sida en Belice, Guatemala y Honduras está en cierto modo restringida por la falta de datos consistentes. La vigilancia del VIH en los tres países no proporciona suficiente cobertura, y la cantidad de casos tiende a subdiagnosticarse y minimizarse (World Bank, 2003; UNAIDS and WHO, 2007). En toda la región son escasos los datos de las poblaciones más expuestas o más vulnerables, tales como hombres que tienen relaciones sexuales con hombres (HSH), mujeres trabajadoras sexuales (MTS) y grupos étnicos. Además, no ha habido gran disponibilidad de pruebas de detección, y se calcula que un 70% de casos de VIH-positivo se diagnostican solamente después de que aparecen los síntomas (World Bank, 2003). No obstante, el análisis de las tendencias generales a partir de los datos disponibles puede aportar información para comprender qué función pueden cumplir y han cumplido las OBF en el abordaje del VIH/sida en la región.

La prevalencia relativamente alta del VIH/sida en los tres países presenta graves desafíos. La Tabla 2.2 muestra las estimaciones de 2007 de la prevalencia del VIH, y las cifras correspondientes a PVV y muertes por sida en los tres países. Las estimaciones de la prevalencia en adultos (de 15 a 49 años de edad) fueron del 2.5% en Belice, 1.5% en Honduras y 0.9% en Guatemala. Cuando el estudio comenzó en 2007, estas eran las prevalencias más altas de VIH/sida en América Latina. Sin embargo, debemos señalar que una revisión de las estimaciones de prevalencia de VIH en adultos (de 15 a 49 años de edad) y, por lo tanto, las cifras de PVV, llevada a cabo en 2008, llevó a disminuir las cifras en muchos países del mundo, incluidos de nuestro estudio (a 2.1% en Belice [WHO, UNAIDS and UNICEF, 2008a], 0.8% en Guatemala [WHO, UNAIDS and UNICEF, 2008b] y 0.7% en Honduras [WHO, UNAIDS and UNICEF, 2008c]). Según el ONUSIDA y la OMS, estas reducciones provienen de mejores datos, particularmente sobre la prevalencia entre subpoblaciones específicas, y la revisión de las suposiciones estadísticas basadas en estos mejores datos (Ghys et al., 2008). No obstante, dado que la prevalencia en Honduras se redujo a

Tabla 2.2
Prevalencia, casos y mortalidad por el VIH/sida

	Belice	Guatemala	Honduras
Prevalencia del VIH			
Prevalencia general (de 15 a 49 años de edad) [intervalo]	2.5% [1.4–4.0]	0.9% [0.5–2.7]	1.5% [0.8–2.4]
Prevalencia de HSH	N/D	12.1%	12.4%
Prevalencia de MTS	N/D	4.3%	9.6%
Prevalencia de garífunas	8–14%	N/D	8–14%
Casos y mortalidad por el VIH/sida			
Cantidad de personas de más de 15 años de edad que viven con el VIH [intervalo]	3,700 [2,000–5,700]	61,000 [37,000–100,000]	63,000 [35,000–99,000]
Cantidad de muertes por sida [intervalo]	<500 [<1,000]	2,700 [1,600–4,000]	3,700 [2,000–6,200]
Proporción hombre/ mujer de casos de sida	1:1	2:1	1:1

FUENTES: UNAIDS, 2007a, 2007b, 2007c; PAHO, 2007a, 2007b, 2007d; PAHO Family Community Health Country Offices, 2005; Soto et al., 2007 (recopilación de datos de 2001–2002) y WHO, 2005a, 2005b, 2005c.

la mitad (de 1.5% a 0.7%), sigue habiendo bastante confusión con respecto a la prevalencia absoluta.[1] Además, incluso con las reducciones de las estimaciones de la prevalencia del VIH, estos tres países siguen teniendo unas de las prevalencias más altas de América Latina y, en consecuencia, se enfrentan a verdaderos desafíos.

La abrumadora mayoría de infecciones (aproximadamente 94%) se transmiten por vía sexual (PAHO, 2007d; UNAIDS, 2008b). Según se informa, la mayoría de estos casos se transmiten a través de relaciones heterosexuales, aunque es probable que no se informe sobre todos los casos de relaciones entre personas del mismo sexo entre los hombres. Según datos de encuestas correspondientes al período 1983 a 2000, aproximadamente

---

[1]   Por ejemplo, en diciembre de 2009, los Centros para el Control y la Prevención de Enfermedades (CDC), como parte de su Programa Global del Sida, siguen informando una prevalencia de VIH de 1.5% en adultos (de 15 a 49 años de edad) para Honduras (CDC, 2008).

el 72% de los casos informados de sida en América Central se debieron a relaciones heterosexuales, 13% a relaciones sexuales entre hombres, 5% a transmisión de madre a hijo, 3% a otras vías, 5% a vías desconocidas, 1% al consumo de drogas inyectables y 1% a productos hemoderivados contaminados (Abreu, Noguer, and Cowgill, 2003). Los datos sobre la transmisión correspondientes a países individuales son limitados.

El VIH/sida tiene un impacto significativo en adultos jóvenes en los tres países y representa una amenaza grave por la pérdida de capital humano y de población activa. En Belice, el VIH/sida es la tercera causa principal de muerte (y la única causa principal debida a enfermedades prevenibles) en el grupo de 20 a 29 años de edad y la primera causa principal en personas que tienen entre 30 y 39 y entre 40 y 49 años de edad (National AIDS Commission of Belize [NAC], 2007). En 2004, más del 80% de las nuevas infecciones por VIH en Belice se produjeron en el grupo de 15 a 49 años de edad, y el 22% de estas personas estaban en el grupo de 15 a 24 años de edad (NAC, 2007).

En Honduras y Guatemala, las estimaciones de PVV y de muertes informadas por sida tienden a afectar a un grupo etario levemente mayor que en Belice; no obstante, la mayor cantidad de casos se encuentran entre quienes tienen de 25 a 29 y de 30 a 34 años de edad (Arandi, 2008, PAHO, 2007d). Por ejemplo, en Guatemala, el 83.2% de casos de sida se presentan entre personas de 15 a 49 años de edad, y el 52.1% de casos de sida afectan a quienes tienen entre 20 y 34 años de edad (PAHO, 2007b). El VIH/sida fue la sexta causa principal de muerte en hombres de 25 a 44 años de edad (PAHO, 2007b). En Honduras, el VIH/sida fue la sexta causa principal de muerte de la población general (PAHO, 2007d). Además, el sida fue la causa principal de muerte entre las mujeres hondureñas en edad fértil y la segunda causa principal de hospitalización entre hombres y mujeres (USAID, 2005).

Probablemente se haya minimizado la cantidad de muertes por el VIH/sida. En Belice, es posible que algunos médicos no informen sobre el VIH/sida en los certificados de defunción, a fin de proteger a los individuos y a las familias contra el estigma y la discriminación (PAHO, 2007a). En Honduras, se considera que los registros médicos de las causas de defunción son deficientes, y los únicos perfiles nacionales se basan en registros de mortalidad provenientes del Ministerio de

Salud y de hospitales del Instituto de Seguridad Social, lo cual representa solamente el 20% de todas las muertes en Honduras (PAHO, 2007d). En Guatemala, solamente el 64% de las muertes de 2003 tuvieron certificación médica, lo cual sugiere que posiblemente el sida no siempre se haga constar como causa de muerte (PAHO, 2007b). Debido a que el VIH en estos países tiende a afectar en forma desproporcionada a los pobres (quienes tienen menos acceso a los servicios de salud en general) es posible que las personas que mueren por causas relacionadas con el sida tengan más probabilidad de morir fuera de entornos de atención de la salud y, por lo tanto, es posible que se haya informado sobre menos casos de muerte por sida que la cantidad real de casos.

Poblaciones más expuestas

La comprensión de qué poblaciones son las más expuestas al VIH/sida tiene importantes consecuencias para la participación de las OBF. En general, en los tres países se considera que quienes están más expuestos al VIH/sida son los HSH, las MTS y los pueblos garífunas.[2] Los prisioneros constituyen otro grupo más expuesto. También hay tendencias recientes que pueden indicar un aumento del riesgo entre las mujeres en general.

Como se muestra en la Tabla 2.2, se encontró una alta prevalencia del VIH entre HSH tanto en Honduras como en Guatemala. La prevalencia en estos países es del 12.4% y del 12.1%, respectivamente, lo cual es de 8 a 13 veces superior a las tasas generales de prevalencia para las personas de 15 a 49 años de edad (Soto et al., 2007; UNAIDS and WHO, 2007). En Honduras, el Ministerio de Salud ha indicado que hay evidencias de una disminución en la prevalencia y de un mayor uso sistemático del condón entre HSH (Secretaría de Salud de Honduras, 2007a citado por el UNAIDS [2007]). No pudimos obtener ninguna estimación sobre la prevalencia del VIH entre

---

[2]   La calidad de los datos disponibles sobre poblaciones más expuestas en los tres países varía en gran medida, con una vigilancia particularmente limitada de las poblaciones más expuestas en Belice. La vigilancia de HSH y de MTS en Guatemala y Honduras se ha llevado a cabo a través del Estudio Multicéntrico, un estudio transversal que incluye a 2,466 MTS y a 1,418 HSH reclutados en 2001 y 2002 en cinco países centroamericanos (El Salvador, Guatemala, Honduras, Nicaragua y Panamá) (Soto et al., 2007).

HSH en Belice, en tanto que se ha observado que los diferentes intentos por obtener datos de valores de referencia sobre HSH en ese país han fracasado debido al miedo proveniente del estigma y la discriminación aún existentes contra esta población (NAC and UNAIDS, 2008)

Los niveles más elevados de casos de seropositividad al VIH entre mujeres trabajadoras sexuales en América Central se encontraron en Honduras (9.6%) y Guatemala (4.3%). Esto puede compararse con el 3% en El Salvador y el 0.2% en Nicaragua y Panamá (Soto et al., 2007). Una razón que se ha sugerido para la alta prevalencia entre MTS en Honduras es que hubo un gran aumento de trabajo sexual (y de relaciones sexuales sin protección) para atender la gran presencia militar de EEUU que se produjo en Honduras durante la Guerra Fría como respuesta a las guerras civiles de los países vecinos de Guatemala y Nicaragua (UNAIDS and WHO, 2007). Recientes estudios realizados por el Ministerio de Salud hondureño demuestran que la prevalencia de VIH entre las MTS en las ciudades principales de Tegucigalpa, San Pedro Sula y La Ceiba de hecho ha disminuido drásticamente, y el uso sistemático del condón durante los 30 días anteriores a la encuesta era alto en las tres ciudades (>80% en Tegucigalpa y San Pedro Sula, 98% en La Ceiba entre clientes que pagan, 87% o más con compañeros no habituales) (Secretaría de Salud de Honduras [2007b], citado por UNAIDS [2007]). Estas observaciones sugieren que la promoción del uso del condón y las campañas de promoción han tenido éxito. No pudimos obtener estimaciones de la prevalencia del VIH para las MTS en Belice, y ninguno de los tres países informa sobre la prevalencia del VIH para otros tipos de trabajadores sexuales (por ej., transexuales).

Las comunidades garífunas de Belice y Honduras, ya marginadas de la mayoría de la población, también se vieron muy afectadas por la epidemia del VIH/sida. Se calcula que la prevalencia es del 14% entre las comunidades garífunas de Belice, ubicadas principalmente en la región meridional del país. En Honduras, se calcula que la prevalencia entre los pueblos garífunas de las islas y de la costa septentrional es de entre el 8 y el 14% (WHO, 2005c), un aumento con respecto al porcentaje calculado de 6.8 a 8.0 de 2002 y 2003 por el ONUSIDA y la OMS (Stansbury and Sierra, 2004). En Honduras, muchos hombres jóvenes garífunas se ven forzados a abandonar sus comunidades para encontrar trabajo (principalmente trabajos en las aldeas de pescadores, en barcos mercantes o en los Estados Unidos), lo cual indudablemente es un factor que contribuye a la epidemia, pues su estado de "trabajadores económicamente marginados" y de miembros de una minoría étnica los sitúa en un mayor riesgo de infección (Stansbury and Sierra, 2004). Además, aunque una porción sustancial de mujeres (60%) y hombres (70%) garífunas afirman que el uso de condones es una forma de evitar el VIH/sida, esta práctica parece ser poco frecuente debido a preferencias personales (por ej., debido a la creencia de que los condones son poco placenteros e incómodos, o de que la fidelidad es mejor) (Stansbury and Sierra, 2004).

Los prisioneros son otro grupo más expuesto en la región. Un estudio realizado por el Ministerio de Salud de Belice en 2005 observó una seroprevalencia general del VIH del 4.6% entre los prisioneros del país, y los autores del estudio sugirieron que el VIH probablemente se contraía en relaciones sexuales entre hombres antes del ingreso a prisión, aunque era probable que no se informara sobre todos los casos de conductas sexuales dentro de la prisión (Gough, 2005). Se calcula que la prevalencia del VIH entre las poblaciones de las prisiones en Honduras es de 7.6% (Cohen, 2006a). No hubo datos disponibles sobre la prevalencia del VIH en las poblaciones de las prisiones guatemaltecas.

Las mujeres representan una proporción en aumento de casos de VIH/sida en América Latina, aunque las consecuencias de esta tendencia no son claras. El porcentaje de mujeres con sida creció del 6% de todos los casos de sida en 1994 al 31% en 2005. En Honduras y Belice, la proporción hombre/mujer de VIH/sida cambió de 2:1 a 1:1 en la década pasada (PAHO, 2007d, Gough, 2005). En Guatemala las estimaciones varían, pero no indican con claridad un aumento entre las mujeres. Según una estimación de octubre de 2007 del Centro Epidemiológico Nacional de Guatemala, conforme se informó en una Sesión Especial de la Asamblea General de las Naciones Unidas sobre el VIH/sida (UNGASS) (2008), casi el 70% de los casos de sida correspondió a hombres y el 30% a mujeres, y la proporción hombre/mujer sigue siendo aproximadamente de 2.3:1 desde 1994 (Arandi, 2008). Sin embargo, otros informes indican que la proporción hombre/mujer ha disminuido drásticamente: por ejemplo, un informe de 2007 de la Organización Panamericana de la Salud (OPS) indicó que la proporción cambió de 8:1 en 1988 a 2:1 en 2006, con una caída brusca a partir del año 1997 (PAHO, 2007b).[3]

La creciente proporción de casos de VIH/sida entre las mujeres puede sencillamente reflejar la propagación epidemiológica natural a través del tiempo desde los sectores de mayor riesgo a otros de menor riesgo de una población. Sin embargo, es posible que los tabúes relacionados con la sexualidad también influyan en la exposición de las mujeres, pues las jerarquías tradicionales de género permiten la promiscuidad de los hombres mientras que desalientan la capacidad de las mujeres para negociar el uso del condón. Además, el aumento en la cantidad de casos de infecciones por el VIH es paralelo al aumento de la violencia en contra de la mujer y también socava las medidas de prevención entre las mujeres (WHO, PAHO and UNAIDS, 2006b).

En resumen, las tendencias epidemiológicas sugieren que los grupos particularmente expuestos al VIH en los tres países incluyen a los HSH, las MTS, los garífunas, los prisioneros y, potencialmente, las mujeres. Una mejor comprensión de quiénes se ven afectados por el VIH/sida ayuda a dar un contexto a la participación de las OBF y puede aclarar en qué medida las OBF están vinculadas a las poblaciones necesitadas.

¿Qué servicios de atención de la salud están disponibles para prevenir y tratar el VIH/sida?

Un análisis de la disponibilidad y accesibilidad de los servicios relacionados con el VIH/sida ayuda a identificar dónde hay necesidades insatisfechas y, en consecuencia, dónde podrían las OBF tener una función para ayudar a cubrir carencias. Primero describiremos la prevención del VIH/sida; luego, los programas de tratamiento del VIH/sida; y, final-

---

3   El informe de la OPS de hecho indica que la proporción cambió de 8:1 en 1988 a 2:4 en 2005, pero nosotros determinamos que 2:4 es un error de imprenta y verificamos en el sitio web de la OPS que su estimación de la proporción hombre/mujer en Guatemala era 4:1 en 2005 y 2:1 en 2006.

mente, las políticas relacionadas con el VIH/sida, los planes estratégicos nacionales y otra legislación relacionada con el VIH.

Medidas de prevención del VIH/sida

Los tres países han tomado medidas de prevención del VIH/sida, aunque estas surgieron de manera formal solamente después de que el tratamiento haya alcanzado una mayor disponibilidad y cobertura. Según un estudio de 2003 realizado por SIDALAC, una iniciativa regional sobre el sida llevada a cabo por la Fundación Mexicana para la Salud (FUNSALUD), la mayoría de los países de América Latina gastan menos del 30% de su presupuesto para el VIH/sida en prevención; la mayor parte de los gastos se destina a antirretrovirales (ARV) (World Bank, 2003). Las actividades de prevención incluyen la educación sobre la transmisión sexual y la prevención del VIH/sida, la distribución de condones y las instrucciones para su uso, y asesoramiento y pruebas de detección voluntarios del VIH. En Belice, el Ministerio de Educación participó específicamente en campañas de prevención a través de su Política Nacional de Salud y Vida Familiar. Los programas y las guías de capacitación que recalcan la prevención del VIH/sida se terminaron en 2005, y se probaron en 12 escuelas primarias y secundarias en 6 distritos de Belice (PAHO, 2007a). El Ministerio de Educación beliceño también respalda la capacitación anual de docentes en el VIH/sida (WHO, PAHO and UNAIDS, 2006a). La prevención también ha sido un objetivo del sector público de Honduras, particularmente en las actividades de comunicación y educación (Izazola-Licea et al., 2002). El gobierno guatemalteco destina solamente del 15 al 25% del gasto público para el VIH/sida a la prevención (aproximadamente la mitad de lo cual se asigna a la distribución de condones) y, en cambio, promueve la participación del sector privado en la prevención (USAID, 2005; Programa Nacional de Prevención y Control de ITS, VIH y SIDA, 2005).

La Tabla 2.3 presenta algunos indicadores de las campañas de prevención nacionales de los tres países, según los informes de la UNGASS de cada país para el período de enero de 2006 a diciembre de 2007. Es importante observar que estos son datos aportados por los propios encuestados, generalmente en encuestas locales.

Tabla 2.3
Indicadores de programas nacionales para la prevención del VIH

Indicadores de programas para la prevención	Belice	Guatemala	Honduras
Porcentaje de unidades de sangre donada analizada para detectar VIH con aseguramiento de la calidad	100%	100%	46%
Porcentaje de mujeres VIH-positivas que recibieron ARV para reducir la transmisión de madre a hijo	78%	16%	21%
Porcentaje de poblaciones de mayor riesgo alcanzadas por programas para la prevención del VIH			
MTS	No disponible	92–93%	23%
HSH	No disponible	73–79%	24%
Garífunas	No disponible	No corresponde	58%
Porcentaje de escuelas que brindaron educación sobre el VIH basada en las habilidades para la vida adulta en el último año académico			
Escuelas primarias	No disponible	<1%	21%
Escuelas secundarias	No disponible	32%	18%

FUENTES: NAC y UNAIDS, 2008; Arandi, 2008; UNAIDS, 2008b.

Los programas para la prevención de la transmisión de madre a hijo (PTMH) se encontraban entre los primeros tipos de programas de prevención implementados en los tres países y habían tenido prioridad en forma consistente; sin embargo, la cobertura real para mujeres VIH-positivas varía mucho. Aproximadamente el 5% de las infecciones por el VIH se deben a la transmisión de madre a hijo. Uno de los primeros avances relacionados con el VIH/sida de Belice fue la elaboración de pautas para la administración clínica de la PTMH en 2001. Entre 2003 y 2005, se implementaron programas para la PTMH y actualmente se ofrecen en todos los centros de atención de la salud públicos y en cuatro centros privados (WHO, PAHO and UNAIDS, 2006a; PAHO, 2007a). Como lo muestra la Tabla 2.3, el 78% de mujeres VIH-positivas de Belice actualmente reciben profilaxis antirretroviral (ARV) para la PTMH (NAC and UNAIDS, 2008). En Honduras, hay protocolos para la PTMH desde 2004; sin embargo, solamente el 21% de las mujeres VIH-positivas recibieron profilaxis ARV para la PTMH (UNAIDS, 2008b). En Guatemala, hay protocolos desde 2002; sin embargo, se calcula que el porcentaje de mujeres VIH-positivas de Guatemala que recibieron profilaxis ARV para la PTMH es incluso menor (16%) (Arandi, 2008).

También cabe señalar en la Tabla 2.3 que según se informa, el porcentaje de unidades de sangre donada analizada para detectar VIH que cumple las normas de calidad es alto en Belice y Guatemala (100% en cada país), pero bastante bajo en Honduras (46%). Guatemala informa que sus programas de prevención han alcanzado grandes porciones de poblaciones de alto riesgo (73 a 79% de HSH y 92 a 93% de MTS), mientras que Honduras informa haber tenido un alcance mucho menor (24% de HSH, 23% de MTS y 58% de garífunas). La educación sobre el VIH basada en las habilidades para la vida adulta se brinda en el 21% y el 18% de las escuelas secundarias y primarias hondureñas, respectivamente, y en el 32% de escuelas secundarias y <1% de las escuelas primarias de Guatemala. Belice no informa sobre los datos de las poblaciones de mayor riesgo ni sobre actividades desarrolladas en escuelas de educación sobre el VIH.

Tratamiento del VIH/sida

En toda América Central, la atención del VIH/sida no está ampliamente disponible en el sistema de salud y, además, los hospitales y el personal de atención de la salud que tienen experiencia con el VIH se encuentran en especial en la capital y las principales ciudades (Wheeler et al., 2001; PAHO, 2007c). La integración de servicios en la atención primaria también se ve limitada. La atención de la salud relacionada con el VIH/sida está muy centralizada en Guatemala y Belice, y hasta cierto grado, en Honduras. Por ejemplo, una sola clínica de la ciudad de Guatemala realiza el 60% de todas las pruebas del VIH del país y ha determinado que las personas que viven más alejadas de la clínica tienen menos probabilidades de regresar a buscar los resultados (solamente el 60% de las personas que se hicieron las pruebas regresaron) (Samayoa et al., 2003; World Bank, 2003). En Honduras, se calcula que el 1.54% de todos los centros de salud tienen la capacidad de brindar atención apropiada a personas que viven con el VIH y sida (UNGASS, 2005). Las pruebas del VIH en Belice son realizadas casi exclusivamente por centros de asesoramiento y pruebas voluntarias (APV) patrocinados por el Ministerio de Salud, y las pruebas y los servicios clínicos para el VIH siguen estando muy centralizados y concentrados en el Distrito de Belice (NAC, 2007).

La cobertura de ARV en Belice, Honduras y Guatemala es mucho menor que en América Latina en general. Aunque se calcula que la cobertura general de ARV actualmente es del 72% en América Latina (la tasa de cobertura más alta en el mundo en desarrollo), la cobertura en Belice, Honduras y Guatemala es muy inferior (WHO, UNAIDS and UNICEF, 2007). La Tabla 2.4 presenta información sobre la cobertura de ARV. Se calcula que el 37% de las personas que necesitan ARV en Guatemala los están recibiendo, en comparación con el 47% y el 49% de personas que los necesitan en Honduras y Belice, respectivamente (WHO, UNAIDS and UNICEF, 2008a, 2008b, 2008c). En los tres países de nuestro estudio, el acceso a la terapia antirretroviral (TARV) completa comenzó a aumentar rápidamente del año 2002 al año 2004 (USAID, Bureau for Global Health, 2004). En Honduras, aproximadamente el 90% de la cobertura de ARV proviene del sector público, y lo mismo sucede en menor grado en Guatemala, donde más del 60% del gasto público para el VIH/sida se asigna a los ARV (USAID, 2005; Programa Nacional de Prevención y Control de ITS, VIH, y SIDA, 2005).

Incluso en el año 2000, ningún país de América Central, excepto Panamá, ofrecía ARV a través de sus Ministerios de Salud. Los ARV

Tabla 2.4
Cobertura de ARV

	Belice	Guatemala	Honduras
Cantidad de personas que reciben ARV [intervalo]	600 [500–600]	7,800 [7,400–8,200]	5,600 [5,000–6,100]
Cantidad de personas que necesitan ARV [intervalo]	1,100 [740–1,700]	21,000 [15,000–28,000]	12,000 [7,900–19,000]
Cobertura de ARV [intervalo]	49% [32–76%]	37% [28–51%]	47% [29–71%]
Cantidad informada de centros que proporcionan ARV	8	6	22

FUENTES: WHO, UNAIDS and UNICEF, 2008a, 2008b, 2008c.

solamente estaban a disposición de la población en general a través de la compra en farmacias privadas. En esa época, de los tres países incluidos en nuestro estudio, solamente Guatemala ofrecía alguna cobertura a la población que vivía con VIH a través de su sistema de seguridad social y cubría la transmisión perinatal a través del Ministerio de Salud y Seguridad Social (Wheeler et al., 2001).

Se considera que el año 2003 fue el hito para la ampliación de la cobertura de ARV en los países de América Central. Dos factores importantes contribuyeron a la ampliación de la cobertura de medicamentos ese año: (1) las negociaciones para reducir los precios de medicamentos como parte de campañas de compra regional, tales como la Iniciativa de Acceso Acelerado (a través de reuniones regionales del Concejo de Ministros de Salud de Centroamérica), acuerdos entre la Comunidad del Caribe (CARICOM) y seis empresas farmacéuticas, y el Fondo Estratégico Regional para Suministros Médicos de la OPS/OMS; y (2) el desembolso de la primera partida de subvenciones del Fondo Mundial para la Lucha contra el Sida, la Tuberculosis y la Malaria en Honduras en 2003, y en Guatemala y Belice en 2004.

Aunque la cobertura de ARV tiene prioridad en la región desde 2003, las políticas no abordan explícitamente la necesidad de sostener la cobertura de ARV a largo plazo. Desde el año 2002, Honduras ofrece sin cargo medicamentos ARV, asesoramiento y pruebas voluntarios, y servicios para prevenir la transmisión de madre a hijo; sin embargo, aún no cuenta con una política oficial o un plan estratégico para sostener la cobertura de ARV. Belice tampoco tiene políticas nacionales sobre TARV integral ni sobre pruebas del VIH, pero el Ministerio de Salud comenzó a proporcionar TARV sin cargo en diciembre de 2004. Las pautas de tratamiento se adaptaron a partir de los estándares de la OPS para Belice. Guatemala adoptó los estándares de la OPS y de los CDC (Centros para el Control y la Prevención de Enfermedades) para el abordaje clínico del VIH. En los tres países, la adquisición de fármacos y el acceso al tratamiento están bastante centralizados, y el acceso al tratamiento es mucho más accesible en las ciudades capitales (WHO, 2005a, 2005b, 2005c; PAHO, 2007a, 2007b, 2007d).

Políticas relacionadas con el VIH/sida

Cada uno de los tres países ha establecido una política nacional para el VIH/sida, lo cual incluye planes estratégicos nacionales y legislación adicional. Al mismo tiempo, los gobiernos de los países han reconocido la necesidad de un plan multisectorial para abordar el VIH/sida, y es en esto donde más frecuentemente se incluyó la función de las OBF.

Los planes estratégicos nacionales procuran coordinar las respuestas nacionales de todos los sectores para el VIH/sida. El segundo plan estratégico nacional de Honduras (PENSIDA II), elaborado para el período de 2003 a 2007, se amplió para incluir a las PVV, la sociedad civil, las cámaras de comercio y la comunidad religiosa. El plan estratégico nacional más reciente para Belice (2006 a 2011) tiene el objetivo de apoyar un abordaje multisectorial del VIH/sida, lo cual incluye al sector de la salud y a organizaciones tanto gubernamentales como no gubernamentales. El plan se elaboró a partir del aporte de muchos organismos gubernamentales y no gubernamentales, grupos comunitarios, asociaciones laborales y profesionales, representantes del sector privado, representantes de los medios de comunicación, donantes, socios técnicos y PVV (NAC, 2007). El plan estratégico más reciente de Guatemala, lanzado en mayo de 2006, adoptó las Objetivos de Desarrollo del Milenio de la ONU (United Nations, 2008), los cuales incluyen el objetivo de combatir el VIH/sida. Esto podría permitir que el sida se vincule a otros problemas que afectan al país, tales como la mortalidad materno infantil y la desnutrición infantil, y podría facilitar la recepción de ayuda que de otro modo no estaría disponible para los programas relacionados con el VIH/sida.

La legislación adicional de cada país complementa el plan estratégico nacional. En Guatemala, se adoptó una ley sobre el VIH/sida en el año 2000 a fin de establecer un marco jurídico para la implementación de la educación sobre el VIH/sida, su prevención, vigilancia epidemiológica, investigaciones, tratamientos y seguimiento, y para proteger y defender los derechos humanos de las PVV. En Honduras, la legislación nacional también incluye una ley especial sobre el VIH/sida que se promulgó en 1999. Esta legislación estableció el VIH/sida como una prioridad nacional, identificó mecanismos coordinadores para responder a la epidemia, y definió los derechos y las obligaciones de las

PVV. En Belice, el Gabinete aprobó en diciembre de 2005 una política nacional sobre el VIH/sida que adoptó una perspectiva de derechos humanos y de responsabilidades.

Se promulgó legislación que protege los derechos de las PVV en los lugares de trabajo, la atención de la salud, la educación y otras áreas, pero es posible que tenga efectos limitados. En Honduras y Guatemala, se ha aprobado legislación sobre el VIH/sida que aborda los derechos humanos de las PPV, y la Comisión Nacional contra el Sida (NAC) de Belice ha estado trabajando en legislación que aborda el estigma y la discriminación. La Ley Especial sobre VIH/sida de Honduras prohíbe la discriminación de las PVV cuando éstas reciben servicios de salud, educación, o cuando se toman decisiones de contratación o desvinculación del empleo. Guatemala aprobó una Ley Especial similar en 2000 que protege a las PVV en aspectos como discriminación, violaciones de confidencialidad, autonomía, privacidad, trabajo, acceso a atención de la salud y educación.

Sin embargo, los derechos en el lugar de trabajo para las PVV no están claramente definidos. En Honduras y Guatemala, las pruebas diagnósticas obligatorias están prohibidas por ley; no obstante, el código laboral guatemalteco permite que los empleadores soliciten pruebas del VIH cuando contratan personal, lo cual sugiere una legislación contradictoria (World Bank, 2006). Las leyes de Honduras y Guatemala establecen que es obligatorio notificar a la pareja sobre los resultados seropositivos. En 2005, el gobierno beliceño adoptó una política para el lugar de trabajo con una "perspectiva de derechos humanos y responsabilidades". No obstante, la protección de los derechos de las PVV a través de políticas para el lugar de trabajo pueden tener un alcance limitado, dado el gran porcentaje de las poblaciones con trabajo informal en América Central (las cuales generalmente no están cubiertas por políticas para el lugar de trabajo); por ejemplo, el 71% de guatemaltecos tiene trabajo informal (PAHO, 2007b). Además, frecuentemente se ha documentado discriminación (World Bank, 2006; PAHO, 2007b).

Conclusión

En este capítulo vimos que en los tres países, el VIH está afectando principalmente a adultos jóvenes, HSH y trabajadores sexuales. En Honduras y Belice, los pueblos garífunas se ven sumamente afectados. Las mujeres en general representan una porción en aumento de la población VIH-positiva. Esto plantea la siguiente pregunta: "¿Hasta qué punto las OBF están vinculadas a estas poblaciones?".

Asimismo, los sistemas de datos para hacer un seguimiento de la epidemia son ineficientes, y por esta razón y a causa del estigma, se informan muchos menos casos que los que realmente hay. Además, en los tres países, pero especialmente en Guatemala (el más grande de los tres), los servicios relacionados con el VIH están muy centralizados, lo cual plantea el interrogante de si las OBF podrían ayudar a ampliar los servicios y a reducir el estigma porque ellas a menudo tienen "alcance" en áreas alejadas, como instituciones comunitarias depositarias de confianza y poseedoras de influencia.

Finalmente, en general en los tres países, los gobiernos recalcan el tratamiento por sobre la prevención, pero este énfasis no necesariamente ha generado planes que sostengan la cobertura de ARV para todas las personas que los necesitan. Además, aunque en los tres países se ha aprobado legislación sobre derechos humanos relacionada con el VIH/sida, la discriminación aparentemente sigue siendo un problema. Estos hallazgos sugieren que las OBF, junto con otras ONG, podrían ayudar a cubrir las carencias encontradas en actividades de prevención y/o podrían participar en campañas de promoción para garantizar que se dediquen más recursos a la prevención, a sostener la cobertura de ARV a través del tiempo y a hacer cumplir las legislaciones creadas para proteger los derechos de las PVV.

CAPÍTULO TRES

Actividades relacionadas con el VIH/sida patrocinadas por las organizaciones basadas en la fe

A fin de comprender cuál sería la mejor forma de participación de las OBF en el abordaje del VIH/sida en América Central, primero analizamos en qué actividades relacionadas con el VIH/sida participan actualmente, pues ello da una indicación inicial de qué pueden hacer y de qué están dispuestas a hacer. En este capítulo, analizamos esas actividades e informamos sobre los resultados de nuestro trabajo de campo en Belice, Guatemala y Honduras. Este trabajo de campo incluye entrevistas cualitativas a una variedad de partes interesadas, entre ellas, líderes de OBF, funcionarios del gobierno, personal de atención de la salud, personas que viven con el VIH, representantes de organismos de asistencia bilateral y líderes de otras ONG, además de visitas a centros que tienen programas relacionados con el VIH/sida.

Analizamos una variedad de actividades en las que las OBF participan en relación con el VIH/sida en los tres países dentro del marco de trabajo ya mencionado: prevención, pruebas diagnósticas, y servicios de atención y apoyo (estos últimos se dividen en atención pastoral y apoyo social, atención de hospicio, y atención médica y tratamiento de la salud mental), y reducción del estigma y promoción. Encontramos OBF que participaban en todas estas categorías de actividades. La mayoría de las actividades se relacionaban con la atención y el apoyo a las PVV.

Prevención y pruebas diagnósticas

En la Tabla 3.1, resumimos los tipos de actividades de prevención en las que las OBF participan y damos ejemplos de algunas OBF que realizan estas actividades en los tres países del estudio. La mayoría de las actividades incluidas en esta tabla se inició hace relativamente poco tiempo.

Tabla 3.1
Tipos de actividades de las OBF relacionadas con la prevención del VIH y ejemplos de OBF que realizan esas actividades (2007)

Tipo de actividad	Belice	Guatemala	Honduras
Educación en la prevención para niños y jóvenes	Iglesia Anglicana (escuelas) Cornerstone Foundation Iglesia Adventista del Séptimo Día (campamento de la iglesia) Juventud con una Misión	Compassion (escuelas) CRS/FUNDSIDA Juven Fami (promesas de abstinencia)	Unión Bíblica Confraternidad Evangélica CRS/Cáritas (Proyecto Dignidad) Iglesia Episcopal Comité Interreligioso (UNFPA) Jóvenes en el Umbral de la Vida Iglesia Menonita (Proyecto MAMA) Visión Mundial
Educación en la prevención para poblaciones de alto riesgo		CRS/Proyecto Vida (trabajadores sexuales, HSH)	AHSOVI Iglesia Episcopal (Siempre Unidos) Bolsa Samaritana (Esperanza Garífuna) TEAR Fund/AMIGA (Garífuna)
Educación en la prevención para PVV y sus familias, cuidados personales, condones		CRS/Proyecto Vida	CRS/Cáritas (Proyecto Dignidad) Iglesia Episcopal (Siempre Unidos)
Pruebas del VIH	Claret Care		CRS/Cáritas (Proyecto Dignidad) Bolsa Samaritana (El poder de conocer) Iglesia Episcopal (Siempre Unidos) Hospital Evangélico

NOTA: AHSOVI = Asociación Hondureña de Solidaridad y Vida.

Las actividades de prevención abarcan desde la educación en prevención primaria (por ej., educación sobre riesgos, transmisión y estrategias de protección) para la población en general o para poblaciones de alto riesgo, hasta educación en prevención secundaria o prevención positiva (educación de las PVV y de sus familias para promover prácticas sexuales más seguras y cuidados personales), hasta pruebas del VIH. Las actividades de prevención incluyen educación (es decir, informar sobre el VIH, cómo se transmite y cómo puede prevenirse) además de prestar servicios o facilitar materiales para ayudar a las personas a actuar conforme a la información ofrecida (por ej., con el suministro de condones o pruebas de VIH). La cantidad de ejemplos incluidos en cada tipo de actividad tiene el objetivo de ilustrar la relativa frecuencia con la que el tipo de actividad se mencionó durante las entrevistas, y no pretende ser una lista exhaustiva de todas las OBF que participan en tales actividades.

La mayoría de las actividades de prevención se centran en la educación. Los niños y los jóvenes son los objetivos principales de las actividades de educación, pero también se brinda cierta atención a las PVV y a sus familias. Algunas actividades recurren a programas formales implementados a través de escuelas (por ej., la Iglesia Anglicana de Belice) u organizaciones basadas en la comunidad (por ej., Visión Mundial Honduras que trabaja con congregaciones locales y otras organizaciones), mientras que otras son menos formales y adoptan un enfoque comunitario más amplio (por ej., el enfoque de la Expo Sida usado por diversas OBF en Honduras en el cual se utilizan teatro de la calle, juegos y otros métodos interactivos para enseñar sobre el VIH a la juventud de la comunidad). Incluso otras brindan educación sobre la prevención a jóvenes que asisten a otras actividades de las OBF (por ej., campamentos de iglesias). Las OBF que brindan educación sobre la prevención a las PVV y a sus familias tienden a conectarse con estos grupos a través de la atención clínica o de grupos de apoyo comunitarios.

Muy pocas OBF orientan las actividades de educación sobre la prevención hacia poblaciones de alto riesgo o poblaciones muy estigmatizadas, tales como HSH o trabajadores sexuales. Las OBF que sí trabajan con HSH y trabajadores sexuales tienden a ser las que prestan servicios clínicos a las PVV, lo cual quizás las sensibiliza sobre las necesidades de estos grupos estigmatizados. No obstante, la decisión de atender a grupos muy estigmatizados puede presentar dificultades a las OBF. Un líder de una OBF explicó que su organización tuvo que mudar la ubicación de su clínica varias veces debido a la violenta oposición de los vecinos. De hecho, en una oportunidad éstos se organizaron e irrumpieron en la clínica, se llevaron todos los muebles, los dejaron debajo de un árbol y usaron un candado nuevo para impedir que el personal ingresara al local. Durante nueve días, hicieron funcionar la clínica debajo de ese árbol, según explicaba este líder:

> El árbol era más noble que los seres humanos, por eso siempre recordamos ese árbol. Porque el calor y la sombra que no nos podían dar los seres humanos, nos dio el árbol.

La teología tiene gran influencia en los mensajes de prevención de las OBF. Un líder protestante de Honduras indicó que su iglesia enseña que la prevención (es decir, cuidarse) surge de la creencia de que todas las personas están hechas a imagen de Dios y que la prevención es necesaria para que los miembros de la iglesia sirvan de testigos de la fe cristiana ante los demás:

> En cada charla que damos, siempre va dirigida a lo mismo; al final terminamos con el cómo debemos prevenir el VIH/sida. Y cómo debemos nosotros, que somos imagen de Dios, cómo debemos cuidar nuestro cuerpo. Porque Jesús nos da un mandamiento: ámense los unos a los otros. Y también nos dice de qué manera tenemos que amar a nuestro hermano: "Ama a tu prójimo como a ti mismo". Y si nosotros no nos amamos a nosotros mismos, ¿cómo vamos a poder amar a los demás? Entonces si nosotros no cuidamos a nuestro cuerpo, si no cuidamos nuestra vida, ¿cómo podemos ser testimonio para otros?

Un líder de una OBF evangélica de Guatemala también subrayó la importancia de dar información sobre el VIH para ayudar a que las personas tomen decisiones fundadas. Sin embargo, el mensaje de esta organización se centra en las consecuencias negativas de tener relaciones sexuales prematrimoniales, de un modo similar al que usan los profetas del Antiguo Testamento cuando dicen que "sucederán cosas terribles":

Pasamos mucho lo que dice el profeta [Oseas]: "Mi pueblo perece por falta de conocimiento". Creemos que dar el conocimiento, eso es nuestra labor: anunciar que viene el mal, y que ya son responsables de las decisiones que toman.

Las OBF tienen actitudes muy diferentes hacia el uso del condón. Las actitudes de las OBF hacia el condón se ubican en un espectro que abarca: (a) una actitud que se opone al uso del condón (los condones son algo malo); (b) el silencio en torno al condón (no preguntes, no digas nada); (c) la promoción o mención de los condones en determinadas circunstancias y para ciertos fines (por ej., para parejas serodiscordantes); (d) la promoción de condones en general, pero como el mecanismo menos importante del ABC (abstinencia, fidelidad y condones); (e) la promoción de los condones como uno de los mecanismos con la misma o con la máxima importancia en la prevención general. Encontramos ejemplos de OBF en todo este espectro, aunque la mayoría tendió a estar en el grupo "a" (oposición al condón) o "c" (promoción para parejas serodiscordantes). Por ejemplo, cuando se realizó nuestro estudio, el personal de Catholic Relief Services (CRS, Servicios Católicos de Ayuda) podía hablar de los condones con las PVV, pero no con la población general.[1] Además, en los tres países había una percepción general de que el Papa había aprobado el uso de los condones en parejas serodiscordantes, aunque tal declaración papal no existe.[2] En nuestro estudio, un líder de una OBF católica explicó que, apelando al valor de la "protección de la vida", ellos pueden dar información sobre los condones y, aunque los católicos no tienen permitido distribuirlos, pueden remitir a las personas al Ministerio de Salud y a otras fuentes que pueden proporcionárselos:

---

[1]   Aparentemente esta política se cambió después de saberse que en Zambia CRS promovía materiales educativos relacionados con el uso del condón, lo cual generó un escándalo en torno a las políticas de CRS sobre el condón en el extranjero (ver Barra, 2009).

[2]   Esta percepción probablemente se relacione con el debate interno de la Iglesia Católica respecto del uso del condón como modo de prevenir la transmisión del VIH en lugar de un método anticonceptivo. Por ejemplo, diferentes cardenales señalaron que los condones pueden ser el "menor mal" para combatir la propagación del sida y, en 2006, el Papa pidió a la Oficina del Vaticano para la Atención de la Salud que preparara un documento sobre la cuestión de los condones y el sida (Clark, 2006).

La línea de la Iglesia [Católica] misma es la "protección a la vida", así se le llama. Entonces, en ese sentido nosotros damos toda la información que se necesite incluyendo la del condón, y hablarles transparentemente que es una forma de prevención (y ahí venimos) que si se usa correcta y consistentemente [sic], puede servir mucho más. Se les da absolutamente toda la información sobre las medidas preventivas que pueda haber. Como les digo, la "protección a la vida" ya eso es una decisión muy personal de cada quien. Lo que sí no hacemos es distribución de condón; eso no hacemos en ningunas de las jornadas que tenemos. Pero igual se se les da la orientación donde ellos pueden obtener los condones, por ejemplo en la Secretaría de Salud. Ellos hacen muchas actividades conjuntas. Muchas veces llevan su 'stand', y tienen los condones allí para brindarles a las personas que lo deseen. Pero no es un tabú dentro de todo el componente nuestro.

Solamente una pequeña cantidad de OBF estaban dispuestas a enseñar a la población general sobre el uso de los condones, y una cantidad aún menor estaba dispuesta a distribuirlos.

Incluso cuando hacen excepciones específicas, los líderes de las OBF se resisten a que se considere que *promueven* el uso de los condones en general. Por ejemplo, un líder religioso protestante de Honduras explicó que a veces el contexto requiere que enseñen sobre el uso del condón, aunque la política de la OBF es no "promover" los condones:

> No es que lo promovemos sino que en un determinado momento, como me dijo una monja en un foro en La Ceiba: "Nosotros en lo personal no promovemos el condón, pero si en determinado momento un joven me dice 'no puedo abstenerme a esto, estoy con mi chica, y se me presenta', bueno tienes que hacer uso de él".

La promoción de los condones en la población general parece tener una connotación negativa para una gran variedad de líderes religiosos, debido a la preocupación de que esto transmita el mensaje de que "está bien" ser promiscuo.

Muchos líderes de las OBF dijeron que su enfoque en cuanto a la enseñanza del uso del condón es "práctico" o "realista". Aunque los líderes de las OBF no promueven el uso del condón, reconocen que no pueden evitar el tema en sus conversaciones sobre el VIH/sida. Por ejemplo, un pastor evangélico de Belice explicó que, aunque su iglesia no tiene una postura o política oficial sobre los condones, las iglesias de esa denominación siguen siendo "objetivas y prácticas" en este tema y brindan información sobre los condones cuando hablan del VIH/sida. Explicó que la iglesia aún promueve la abstinencia como la estrategia más importante y enseña el autocontrol, pero también reconoce que algunas personas necesitan usar condones para su "protección, no como una promoción de la promiscuidad". Un trabajador de la salud de una OBF católica de Guatemala también señaló que, aunque su organización enseña la abstinencia y la fidelidad, dado que esto no es lo que todas las personas deciden hacer, ellos no pueden evitar el tema de los condones:

> Yo puedo capacitar a muchos jóvenes en talleres, talleres, talleres. "Abstinencia sexual… hasta el matrimonio… fidelidad". Aquí a ti te dicen: "Sí, claro, yo soy fiel a mi esposa". O: "Cómo no, sí, claro". Los jóvenes [dicen]: "Sí, claro que sí, cómo no". En el momento de sexo, eso no funciona. Se olvidan y no están pensando: "la iglesia me lo prohíbe". Lo siento, no están pensando: "¡Oh! El padre… el pastor… el sacerdote dijo que no". No. Hacen sexo. Entonces, no podemos evitar también esto [el tema de los condones]. Bueno [debemos decir]: "Tú no eres fiel y vas a estar en riesgo; protégete porque puedes adquirir el virus y tu esposa también".

Otros, a pesar de que reconocen la eficacia e importancia de los condones en la prevención del VIH, expresaron molestia porque siempre se les pregunta sobre su postura ante el uso del condón como si fuera el único tema importante de su participación en actividades relacionadas con el VIH.

La mayoría de los líderes de las OBF ubican a la educación en el uso del condón dentro del contexto de un conjunto más integral de temas de atención pastoral y orientación psicológica y espiritual. Por ejemplo, un líder protestante de Belice explicó que su iglesia ciertamente promueve el uso del condón en parejas casadas serodiscordantes, pero que la iglesia necesita asesorar a los individuos sobre el tema del condón, y no promover simplemente la distribución de condones en gran escala:

Los medios de comunicación te ponen el micrófono en la cara y te preguntan: "¿Qué piensa de los condones?". En cuanto la Iglesia participa en actividades relacionadas con el VIH/sida, seguro que te preguntan por el tema de los condones. "¿Cuál es su postura en torno a los condones?". Obviamente, la Iglesia, por su propia naturaleza, dice que la fidelidad y la abstinencia son lo ideal, pero vivimos en un mundo real en el que las personas enfrentan [otras] realidades. La Iglesia estudia la situación y, ciertamente, por ejemplo, promueve el uso de condones en relaciones comprometidas, en las que se descubre que uno de los integrantes es VIH-positivo. Cuando decimos relaciones comprometidas, nos referimos a parejas casadas. . . . Arrojar condones desde una camioneta a una multitud no necesariamente es parte de nuestra respuesta. Sentimos la obligación de aconsejar a las personas en algunas de estas cuestiones. Por eso, la atención pastoral y la orientación psicológica y espiritual son el contexto dentro del cual debería surgir todo el tema de los condones".

Algunas OBF han comenzado a ofrecer pruebas rápidas del VIH (saliva y sangre), tanto a la población general como a poblaciones de alto riesgo. Las OBF de Honduras han sido particularmente activas en el intento de llevar las pruebas diagnósticas rápidas hacia áreas lejanas del país (por ej., CRS/Cáritas a través del Proyecto Dignidad y en colaboración con el Ministerio de Salud; Bolsa Samaritana con los garífunas y la Iglesia Episcopal a través de las clínicas de Siempre Unidos). Cuando se realizó nuestro estudio, supimos de sólo un líder de una OBF de Belice (un sacerdote católico) que proporcionaba asesoramiento y pruebas del VIH.

Atención médica y tratamiento de la salud mental para PVV

La Tabla 3.2 presenta ejemplos de los tipos de actividades de atención médica y tratamiento de la salud mental en las cuales las OBF participan en los tres países, además de nombres de algunas OBF que participan en cada tipo de actividad. Los servicios incluidos en esta categoría abarcan administración de la atención médica, pruebas de CD4 y de carga viral, provisión o administración de ARV, tratamiento de la salud mental, visitas domiciliarias y/o atención en el hogar, y tratamiento de infecciones

Tabla 3.2
Tipos de actividades de las OBF relacionadas con la atención médica y tratamiento de la salud mental para PVV y ejemplos de OBF que realizan esas actividades (2007)

Tipo de actividad	Belice	Guatemala	Honduras
Atención médica y tratamiento de la salud mental	Hand in Hand Ministries (niños)	CRS/Proyecto Vida	Clínica de AHSOVI Hospital Evangélico Iglesia Episcopal (Siempre Unidos)
Remisiones/ facilitar la atención			Compassion (niños) Bolsa Samaritana (Garífuna)

oportunistas. Como con la Tabla 3.1, la cantidad de ejemplos incluidos en cada tipo de actividad en la Tabla 3.2 tiene el objetivo de ilustrar la relativa frecuencia con la que el tipo de actividad se mencionó durante las entrevistas, y no es una lista exhaustiva de todas las OBF que participan en tales actividades. Algunas OBF también proporcionaban servicios médicos a través de hospicios (tratados en la siguiente sección).

Si bien escuchamos con mayor frecuencia acerca de actividades que incluían atención médica y tratamiento de la salud mental en Honduras, los tres países incluyeron ejemplos de ese tipo de atención. Sin embargo, este tipo de actividad fue relativamente poco frecuente en comparación con, por ejemplo, la prestación de atención de hospicio (tratada a continuación). En Honduras, Siempre Unidos, una OBF asociada a la Iglesia Episcopal, cumple una función clave en una colaboración con AIDS Healthcare Foundation (Fundación para la Atención Médica del Sida) y el Ministerio de Salud hondureño para aumentar la disponibilidad de terapia antirretroviral (TARV) (Main et al., 2004). Otra clínica basada en la fe de Tegucigalpa administrada por AHSOVI (Asociación Hondureña de Solidaridad y Vida) proporciona atención médica a una pequeña cantidad de pacientes VIH-positivos, y el Hospital Evangélico de Siguatepeque brinda atención médica, aunque no terapia antirretroviral (TARV), a pacientes con sida. En Guatemala, Proyecto Vida, una organización católica, brinda atención a las PVV de la región occidental del país y es uno de los pocos proveedores de dicha atención fuera de la capital, la ciudad de Guatemala (Proyecto Vida, 2009). En Belice, Hand in Hand Ministries brinda atención médica (provisión de medicamentos y monitoreo) para niños

VIH-positivos (Hand in Hand Ministries, sin fecha), y The Cornerstone Foundation ha capacitado a las OBF y a otros en atención domiciliaria y atención de niños VIH-positivos (The Cornerstone Foundation, sin fecha).

Atención de hospicios y atención domiciliaria

Una cantidad relativamente grande de OBF de los tres países del estudio han estado ofreciendo hospicio o albergues para PVV y atención domiciliaria. Un líder regional del sector de la salud explicó que la atención de hospicio fue una de las primeras vías a través de las cuales las OBF comenzaron a participar en la atención del VIH/sida:

> Las OBF, no las llamaban así en esa época, pero fueron algunas de las primeras que realmente se presentaron para dar ayuda a las personas que viven con sida. Fue como en los tiempos de la Biblia en los cuales la gente tenía lepra o en la Edad Media; [las personas] necesitaban buscar a la Iglesia, cualquier denominación que tendiera una mano y diera una ayuda. En Honduras, comenzó con albergues; eran lugares donde la gente iba a morir con dignidad porque no había tratamientos en esa época. A las personas solamente se las alimentaba, se las atendía, se les daba amor, se podría decir. Y morían allí. Básicamente, [los albergues patrocinados por las OBF] se ocupaban de pagar el féretro, una parcela donde pudiera enterrárselas en el cementerio . . . Las OBF han estado presentes desde los primeros días y siguen dando apoyo a las personas que viven con sida.

La Tabla 3.3 presenta ejemplos de organizaciones que brindan atención de hospicio y domiciliaria en los tres países. Durante nuestras visitas de campo, conocimos diferentes hospicios o refugios patrocinados por las OBF en Guatemala y Honduras. Estos hospicios abarcan desde acciones pequeñas, informales y con pocos recursos (por ej., un departamento alquilado de dos dormitorios sin servicio de agua entubada que alberga a 20 personas VIH-positivas en forma higiénica y bien organizada) hasta campus grandes, independientes, con buen financiamiento,

Tabla 3.3
Atención de hospicio, albergues y atención domiciliaria brindados por las OBF

Tipo de actividad	Belice	Guatemala	Honduras
Hospicios/ albergues		Hospicio de FUNDVIDA (Life Unlimited Ministries) Hogar Cristiano Emanuel Hospicio San José Santa María (Proyecto Vida/CRS)	Fundación Amor y Vida Casa Pasionista Hospicio Casa Zulema Corazón de la Vida Hospicio Fuerza Hospicio San José
Atención domiciliaria/ otro tipo de atención	COMFORTH (capacitación) Hand in Hand Ministries (niños) Cornerstone Foundation	CRS/Proyecto Vida	Compassion (niños) Iglesia Episcopal (Siempre Unidos)

que cuentan con diversos edificios para dormitorios, comedores, escuelas y clínicas, y con personal propio de atención de la salud.

No tuvimos conocimiento de ningún hospicio para personas con VIH/sida patrocinado por OBF en Belice. Un líder de la fe allí explicó que las OBF de Belice intencionalmente no crearon hospicios porque temían que contribuyeran al estigma y redujeran el apoyo de las familias:

Ocasionalmente, se habla de crear un hospicio, pero tememos que causará más daño que beneficios. Creemos que no ayudará en nada a la respuesta al sida. Todo lo contrario: ya tuvimos mucho de eso. Por lo menos con la comunidad basada en la fe hemos llegado [a la conclusión] de que no es bueno. [Las PVV] reciben atención de las familias; hay otros organismos que dan ayuda. Como decía, tiene que tratarse exactamente como una enfermedad común. Si se va a vivir a un hospicio, las personas renuncian a sus responsabilidades porque la enfermedad requiere que haya apoyo familiar y participación familiar.

Atención pastoral y apoyo social para las PVV y sus familias

Algunas OBF también brindan atención y apoyo social para las PVV y sus familias, como lo muestra la Tabla 3.4. Estas actividades incluyen:

- atención pastoral, incluyendo orientación psicológica y espiritual, plegarias y atención de los moribundos;
- grupos de apoyo;
- asistencia dirigida (alimentos, generación de ingresos, vivienda).

En cada uno de los tres países se han realizado campañas para que más congregaciones brinden atención pastoral a personas que viven con el HIV o afectadas por el VIH. Por ejemplo, en Belice se realizó una campaña de colaboración entre el Fondo de las Naciones Unidas para la Infancia (UNICEF) y el Consejo de Iglesias de Belice (la filial local del Consejo Mundial de Iglesias), a fin de elaborar un plan de acción y marco de trabajo teológico para la participación de organizaciones basadas en la fe en la atención y en el apoyo para el VIH/sida. Entre 2002 y 2006, esta campaña incluyó la participación de líderes religiosos de todas las principales religiones y denominacio-

Tabla 3.4
Atención pastoral y apoyo social para las PVV y ejemplos de OBF que realizan esas actividades (2007)

Asistencia brindada	Belice	Guatemala	Honduras
Atención pastoral/ orientación psicológica y espiritual/ grupos de apoyo	COMFORTH (capacitación) Hand in Hand Ministries (niños) My Refuge Christian Ministries	CRS/Proyecto Vida Juven Fami	CRS/Cáritas (Proyecto Dignidad) CRS/UNICEF (niños) Iglesia Episcopal (Siempre Unidos) Jóvenes en el Umbral de la Vida (Ministerio de Mujeres de Hoy)
Nutrición	Hand in Hand Ministries (niños)		
Generación de ingresos/ proyectos de microfinanzas			CRS Siempre Unidos (Siempre Sol)

nes del país en conferencias y talleres. Como resultado de esta acción se elaboró la publicación *Faith-based Manual for the Response to HIV and AIDS: Empowerment and Support for Families* (Manual basado en la fe para la respuesta al VIH y al sida: empoderamiento y apoyo para familias) (Manzanares, 2006). En Honduras y Guatemala, otras ONG basadas en la fe han comenzado a trabajar con congregaciones, tales como Visión Mundial a través de sus capacitación llamada Canales de Esperanza (World Vision International, 2008), la Iglesia Episcopal de Honduras y Bolsa Samaritana.

Muy pocas OBF se concentran específicamente en mejorar el bienestar social y económico de las PVV. Tales actividades podrían incluir asistencia con la alimentación y nutrición, la generación de ingresos o la vivienda. Una serie de entrevistados, líderes tanto de las OBF como del sector de la salud, mencionaron que la "inseguridad alimentaria" (es decir, la incertidumbre de tener suficiente para comer o suficiente dinero para comprar alimentos) es una barrera para la prevención y la atención del VIH (especialmente en cuanto al cumplimiento de la TARV). Sin embargo, pocas OBF informaron actividades en curso en esas áreas (con la excepción de los hospicios, donde se proporcionan alimentos como parte de la atención, o las clínicas como las de Siempre Unidos, que dan comidas a los pacientes). En Belice, Hand in Hand Ministries proporciona, a través de su centro de asistencia, bocadillos y comidas diarios con una nutrición adecuada para los niños VIH-positivos, además de dar cursos de cocina para los cuidadores de los pacientes, con nociones básicas de nutrición, alimentación saludable y alimentación complementaria (la transición de la lactancia materna exclusiva a los alimentos sólidos). Muy pocas OBF se centraban en la generación de ingresos y en proyectos de microfinanzas para las PVV. La Iglesia Episcopal de Honduras, a través de sus clínicas de Siempre Unidos, había creado una microempresa (Siempre Sol) que fabrica ropa para bebés, batas de hospital, bolsos para conferencias de profesionales y otras organizaciones, principalmente en los Estados Unidos. En Honduras, CRS y Cáritas patrocinan un programa de microfinanzas para promover el desarrollo de las pequeñas industrias entre las PVV.

Reducción del estigma y actividades de promoción

Como lo muestra la Tabla 3.5, algunas OBF también participan en actividades de reducción del estigma y actividades de promoción. Las actividades de reducción del estigma a veces se centran en líderes de las OBF, feligreses, familiares de las PVV o la población general, e incluyen marchas de solidaridad/concientización sobre la salud o sobre el VIH, sermones, talleres, atención pastoral e interacción con los familiares. Las actividades de promoción se centran en fomentar el respeto de los derechos humanos de las PVV y de organizaciones y redes de PVV, en defender el acceso a tratamientos, y en reducir el estigma y la discriminación.

Los líderes de las OBF generalmente coinciden en que la reducción del estigma asociado a las PVV es una actividad apropiada para las OBF. Por ejemplo, un pastor protestante de Guatemala precisó cuáles eran, en su opinión, las dos funciones más importantes de las OBF en cuanto a las actividades relacionadas con el VIH/sida:

Tabla 3.5
Actividades de reducción del estigma del VIH y actividades de promoción de las OBF, y ejemplos de OBF que realizan esas actividades (2007)

Tipo de actividad	Belice	Guatemala	Honduras
Reducción del estigma y la discriminación asociados al VIH	Iglesia Adventista del Séptimo Día (marchas por la salud) Cornerstone Foundation	Consejo Ecuménico Cristiano CRS/Proyecto Vida	
Promoción de derechos humanos de las PVV		CRS/FUNDSIDA	AHSOVI CRS/Comisión Nacional de Derechos Humanos
Afianzamiento de organizaciones/ redes de PVV		CRS/Gente Unida	
Promoción del acceso al tratamiento	Hand in Hand Ministries (medicamentos pediátricos de segunda línea)	CRS/FUNDSIDA	

la formación de la opinión pública y la concientización para reducir el estigma y la discriminación asociados a las PVV:

> Pues yo insisto en este tema de la… de orientar a la opinión pública. Que la gente pastoral, los pastores, los sacerdotes, los obispos estemos bien informados para informar con objetividad y con responsabilidad para superar esta estigmatización, esta discriminación, en primer lugar. Y luego, un segundo paso, a través de sensibilización, esa formación, expresar ya respeto y a la dignidad de estas personas, y reconocer la dignidad y se les reconozca que son hijos y [sic] hijas de Dios. "Yo diría que esta es la tarea nuestra como consejo y… igual creería yo, viniera ser el trabajo" de las iglesias evangélicas y católicas de nuestro país y nuestros países del mundo.

Tanto los líderes de las OBF como los del sector de la salud indicaron que hay estigma y discriminación generalizados asociados al VIH en los tres países, lo cual afecta a las personas ya identificadas como seropositivas, a las aún no identificadas como tales y a las poblaciones que están en riesgo. Nos precisaron que este estigma a menudo prevalece incluso en las relaciones más íntimas, especialmente en la familia. Por ejemplo, la mayoría de los miembros de un grupo de apoyo para personas VIH-positivas de Honduras nos dijeron que no habían revelado su condición de seropositivos a sus familiares. También supimos de personas que revelaron tal condición y fueron rechazadas por sus familias (expulsadas de sus hogares) o "escondidas" para que otras personas de la comunidad no lo supieran, pues las familias temen las consecuencias negativas. Algunos trabajadores de la salud que brindan atención a las PVV expresaron su percepción de que muchas PVV se aíslan por vergüenza y por miedo, y son abandonadas y mueren en soledad. Por ejemplo, un trabajador de la salud de una OBF de Guatemala relató una historia particularmente conmovedora sobre uno de esos casos que presenció en su trabajo en comunidades rurales:

> Y mira, siempre, siempre le digo a Dios: "necesito mucha fortaleza" porque no sé a cuantos más necesito acompañar a morir. Me duele mucho mi corazón de pensar que cuántos todavía tienen

que morir. Aparte de ello, también hay dolor en mi corazón porque al proyecto que yo manejo de visitas domiciliarias, siempre, siempre, encuentro personas fallecidas, inactivas a sus citas, donde tuvieron que morir aislados. Donde tuvieron que morir discriminados. Donde no les alcanzaron agua para beber antes de morir. Donde no pudieron rezar una oración para apoyar la muerte. Donde nunca alguien les dijo que enfrentaran la realidad. Donde nunca alguien les habló de la Biblia y que Dios tiene un lugar para ellos.

Recuerdo un caso de una mujer también de 22 años en mi comunidad. Ella estaba muriendo de sida, pero ella estaba aislada. No estaba en la casa de la familia. Estaba afuera de la casa, en un rancho de nailon con leña. Y cuando yo fui, ella tenía hormigas... Hormigas ... insectos ... comiéndola. Acá además existen murciélagos. Los murciélagos son animales con alas que chupan la sangre, y los murciélagos habían comido su nariz y sus dedos de los pies.

Yo fui a visitarla. Estuve tres horas con su familia para convencerles de sacarla al hospital. No querían. No querían por nada.

Aunque este caso parece bastante extremo, las personas que trabajaban en las OBF (quienes describieron las dificultades de trabajar con PVV en sus congregaciones) nos relataron historias similares. Describieron casos de personas con sida a quienes sus familias mantenían escondidas de la comunidad, incluso de los pastores de sus iglesias. Nos dijeron que este profundo estigma era lo que dificultaba tener un panorama claro de la epidemiología del VIH, pues algunas personas mueren sin que el sistema de atención de la salud las registre como un caso de VIH/sida. También supimos que incluso en los casos que son identificadas como seropositivos, a veces no se las registra como muerte relacionada con el VIH/sida. Un líder regional del sector de la salud explicó de qué modo el estigma puede hacer que la familia esconda que la causa de la muerte fue sida:

Las personas sencillamente se mueren sin haber recibido terapia con ARV ni haberse hecho las pruebas, y el certificado de defunción dice "neumonía" o "diarrea", pero sin identificarlas como infecciones relacionadas con el VIH porque nunca se hicieron las pruebas. O si se las hicieron, la familia le pide al médico que informe otra causa de muerte, debido al estigma y a la discriminación asociados al sida.

Muchos líderes de las OBF nos dijeron que el trabajo de sus organizaciones intenta reducir el estigma y la discriminación asociados al VIH. Tales actividades a menudo se centran en la familia, pues las PVV suelen sufrir primero la discriminación de la familia misma. Por ejemplo, el personal de una clínica de una OBF que hace visitas a domicilio describió un caso reciente que refleja el estigma asociado al VIH; los familiares consideraron que la enfermedad era una maldición y prefirieron que la persona muriera antes que buscar atención:

A veces es bien difícil, porque se supone que ayuden los familiares. Yo tuve una experiencia la semana pasada cuando fui a visitar una paciente que estaba en cama. Entonces empecé a hablar con su mamá y explicarle de la clínica, darle información, pues brindarle ayuda. Y nos dijeron que "no". Que preferían dejarla morir, que no querían ayuda de nadie.

El otro entrevistado añadió:

Sí, porque ellos ven la enfermedad como una maldición, como un castigo; que es "mejor que se muera".

La primera persona entrevistada continuó:

Y se murió la muchacha, y se quedó el esposo a cargo de cuatro niñas. El esposo vino aquí [a la clínica] después, y dice que cuando fui él sí estaba, pero dice que no podía hacer la decisión en ese momento porque la suegra le dijo que no, porque ella era la mamá y ella iba a tomar la decisión. Entonces ahora [el esposo] estaba buscando información y él estaba viniendo al programa. Hay muchos [pacientes] que tienen ayuda de familiares y tienen apoyo, pero hay otros que no. Creo que lo más difícil ha sido poder concientizar a los familiares para que apoyen [a los pacientes].

Un líder de una OBF católica de Guatemala explicó que su organización procura concientizar a las personas sobre el VIH/sida y, a su vez, promover la dignidad y autoestima de las PVV:

Otra cosa que hemos intentado hacer es que las personas consideren que la Iglesia es un lugar adonde pueden venir a buscar información, que no se trata de simple compasión caritativa, ni de sentarse junto a los moribundos, lo cual es parte de nuestro trabajo, pero no la parte principal. El verdadero trabajo es transmitir el mensaje a la comunidad. Se trata de la dignidad de la vida y de elevar la autoestima.

Un puñado de organizaciones aparentemente se están concentrando específicamente en reducir el estigma y la discriminación de un modo más general en la población. Lo hacen, por ejemplo, patrocinando desfiles de concientización sobre el VIH, como el que presenciamos en la región occidental de Guatemala el Día de la Solidaridad con las PVV. La Cornerstone Foundation de Belice también organizó marchas similares.

Las OBF encuentran un sólido fundamento bíblico para ayudar a reducir el estigma y la discriminación que sufren las PVV. Varios líderes de distintas OBF trazaron un paralelo entre el estigma de la lepra de los tiempos bíblicos y el VIH en la actualidad, y mencionaron que Jesús curaba a los leprosos, no tenía miedo a tocarlos y los trataba con amor. De hecho, numerosos líderes están usando estas referencias bíblicas para producir material educativo destinado a reducir el estigma. Por ejemplo, un pastor protestante de Honduras dijo haber elaborado tales materiales para presentar el paralelismo entre las PVV de la actualidad y los ciegos y leprosos de los tiempos bíblicos:

Yo preparé un par de presentaciones en PowerPoint sobre pastoral y VIH/sida, resaltando paradigmas bíblicos donde Jesús rompe con todos los estigmas. Con el ciego de nacimiento en que los fariseos dicen que es por pecado que nació ciego. Hay varias teorías en torno a ese caso. Y Jesús dice: "No, ni nació por [ser] genéticamente ciego ni por pecado de sus padres, sino para que se manifieste la Gloria de Dios". El tema más grave es el tema de la lepra. Realmente ha sido, hace poco tiempo, el paradigma más cercano del trato con las personas viviendo con VIH/sida: excluidas, estigmatizadas, despreciadas, marginadas, todo eso, como se hacía con el leproso. Entonces hay todo un trabajo teológico que hay que hacer con el sector religioso especialmente.

Un pastor pentecostal de Belice describió la motivación religiosa que impulsa sus actividades para reducir el estigma relacionado con el VIH/sida:

Para ser francos, damos sermones desde el púlpito. Este manual [COMFORTH] al que nos estuvimos refiriendo es una guía específica para ayudar a las personas y educarlas, para que sepan. He visto cómo personas que tienen sida son apartadas de la vida de sus propios familiares. A veces construyen una casita en un rincón del patio, e intentan segregarlos [a estos familiares seropositivos]. Yo enseño personalmente [este manual], pero muchas iglesias no quieren tener nada que ver con él.

Entrevistador: ¿Por qué cree que usted respondió, quizás, de un modo algo diferente de algunos de los otros pastores?

Cuando Jesús vio las multitudes, las consideró ovejas que no tenían un pastor, y sintió compasión. Nací y crecí en una familia de seis hijos, y entre mis familiares ha habido más de 12 pastores. Desde niño, vi cómo mi madre siempre ayudaba a los extraños, y siempre cocinaba para los niños de otra familia. Si tenían un problema, venían a verla. Eso me alienta a tener compasión; esa es la razón del ministerio.

Algunas OBF realizan actividades de promoción para educar a las PVV en temas de derechos humanos, entre ellos, los derechos laborales. Un ejemplo es el trabajo de CRS, que se unió a la Comisión Nacional de Derechos Humanos hondureña para formar un grupo que supervisara los derechos de las personas que viven con el VIH/sida. En Guatemala, CRS da su apoyo a Gente Unida, una red nacional de PVV.
Algunas OBF promueven un mayor acceso a la atención de la salud para las PVV. Por ejemplo, Hand in Hand Ministries en Belice

fue vital para obtener medicamentos pediátricos de segunda línea para quienes no respondían a la terapia de primera línea.

Algunas OBF realizan actividades dentro de una denominación y entre distintas denominaciones para sensibilizar y capacitar a líderes religiosos (clérigos y laicos) en lo concerniente a las PVV. El objetivo de tales actividades es preparar líderes que puedan capacitar a otros de sus congregaciones, a fin de llevar a cabo actividades comunitarias de prevención y atención del VIH. La Tabla 3.6 presenta ejemplos de organizaciones que realizan este tipo de capacitación.

Estas actividades de capacitación suelen surgir de redes ya existentes tendidas entre distintas denominaciones, tales como el Consejo de Iglesias de Belice, el Consejo Ecuménico Cristiano de Guatemala y la Confraternidad Evangélica de Honduras. A veces, las actividades de capacitación tienen su origen en organismos de asistencia o desarrollo internacionales basados en la fe (Visión Mundial o World Vision, Bolsa

Tabla 3.6
Coordinación/capacitación entre sectores religiosos sobre el VIH/sida (2007)

Coordinación/ capacitación entre sectores religiosos	Belice	Guatemala	Honduras
De la misma denominación		Pastoral de la Salud (Católica)	Iglesia Episcopal
Agrupa distintas denominaciones	COMFORTH (Consejo de Iglesias de Belice, UNICEF)	Consejo Ecuménico Cristiano Visión Mundial (Canales de Esperanza)	Comunidad Teológica de Honduras Confraternidad Evangélica Comité Interreligioso (UNFPA)[a] Foros Interreligiosos (Tegucigalpa, San Pedro Sula, La Ceiba) Bolsa Samaritana (Recetas para la Esperanza) Visión Mundial (Canales de Esperanza)

[a] Incluye representantes de diferentes denominaciones (Católica Romana, Iglesia Adventista del Séptimo Día, Episcopal, Cristiana Reformada) y organizaciones que agrupan distintas denominaciones (Consejo Latinoamericano de Iglesias, Comunidad Teológica de Honduras, Confraternidad Evangélica de Honduras).

Samaritana o Samaritan's Purse), en organismos laicos que desean involucrar al sector religioso en actividades relacionadas con el VIH/sida (el Comité Interreligioso del UNFPA, en Honduras, y los diferentes Foros Interreligiosos realizados en el país) o en líderes religiosos individuales dentro de las distintas denominaciones (Pastoral de la Salud, en Guatemala, y la Iglesia Episcopal, en Honduras).

Cuando se le pidió que mencionara algunos de los logros de las OBF obtenidos con estas capacitaciones, un líder describió cuán conmovidas y comprometidas se sienten las personas cuando finalizan las capacitaciones de líderes religiosos:

> Hemos contribuido a poder captar al liderazgo más clave de las distintas denominaciones que mencionamos. La metodología en sí es una metodología que lleva desde trabajar los juicios de valor que cada persona tiene hasta llevarlo al compromiso. Cuando esta gente sale, sale casi con lágrimas en los ojos, ¿verdad? Conmovidas, comprometidas porque pasan por toda una sensibilización y hasta ver lo que ellos pensaban y luego tener el conocimiento técnico y luego tener también la parte de la tensión del compromiso que deben ellos tenerse ante todos estos grupos. El principal éxito es también los convenios que hemos establecido con ellos [los líderes religiosos y las denominaciones].

Conclusión

Las OBF han realizado una amplia variedad de actividades relacionadas con el VIH/sida, pero tienden a concentrarse en algunas. Encontramos evidencia de algunas actividades realizadas por las OBF destinadas a la prevención del VIH con poblaciones de alto riesgo (trabajadores sexuales, HSH) y de una mayor participación en estrategias de "abstinencia solamente" dirigidas a los jóvenes. Las actividades de prevención menos frecuentes incluyeron pruebas del VIH, y educación sobre el uso de condones y distribución de condones. También observamos OBF que realizan una amplia variedad de actividades de atención y apoyo, siendo las más frecuentes atención médica, atención pastoral y apoyo social de PVV y sus familias. Las actividades de apoyo social menos frecuentes incluyen las relacionadas con la nutrición, la generación de recursos y la vivienda. Finalmente, encontramos evidencia de que las OBF realizan diferentes actividades relacionadas con la reducción del estigma y con la promoción, tales como la concientización de la comunidad en general en lo concerniente al VIH, además de actividades dirigidas a crear redes de PVV y a garantizar el acceso al tratamiento. Las actividades que las OBF llevan a cabo indudablemente tienen que ver con la percepción de necesidades, la coherencia con su filosofía o misión general, y el acceso a diferentes recursos. En el capítulo siguiente, analizamos los desafíos claves de las actividades de las OBF relacionadas con el VIH/sida, según lo perciben los líderes de las OBF y del sector de la salud.

CAPÍTULO CUATRO

Facilitadores y obstáculos que afectan las actividades relacionadas con el VIH/sida realizadas por las OBF

Nuestras entrevistas con líderes de las OBF y del sector de la salud no solamente describieron la variedad de actividades relacionadas con el VIH/sida realizadas por las OBF, sino que también aportaron una comprensión más clara sobre cuáles actividades relacionadas con el VIH/sida las OBF pueden realizar mejor, y cuáles barreras pueden obstaculizar su participación. Puede ser importante considerar estos puntos de vista cuando se analiza el papel de las OBF en relación con el VIH/sida, pues sugieren áreas particulares de fortaleza (es decir, áreas en las cuales la participación de las OBF podría ampliarse), además de desafíos que podrían limitar la efectividad o que podrían necesitar abordarse para mejorar la efectividad. En este capítulo, informamos sobre esta comprensión más clara, para lo cual primero describimos las fortalezas de las OBF en cuanto a la prevención y la atención del VIH; estas fueron las cosas que los entrevistados destacaron porque las OBF estaban haciéndolas bien, o porque consideraban que las OBF estaban bien preparadas para hacerlas, y podrían hacerlas con mayor frecuencia. Luego analizamos los desafíos para la participación de las OBF; estas fueron las cosas que los entrevistados mencionaron que las OBF no estaban haciendo bien, o que las OBF no estaban en una buena posición para hacerlas. En algunos casos, estos obstáculos podrían superarse; en otros casos, no.

Ventajas y facilitadores de actividades relacionadas con el VIH/sida realizadas por las OBF

Los entrevistados, incluidos los líderes de las OBF y una variedad de diferentes líderes del sector de la salud (que representan al gobierno, PVV, ONG laicas, organismos de asistencia bilateral, etc.), describieron una serie de ventajas que las OBF aportan a las actividades relacionadas con el VIH, las cuales analizaremos en detalle en esta sección:

- Su amplio alcance e influencia, especialmente entre los jóvenes y las personas que viven en áreas remotas
- La experiencia en la atención médica y de hospicio
- El potencial para prestar una variedad de servicios de apoyo
- El potencial para crear conciencia y difundir mensajes de prevención

La mayoría de los líderes de las OBF y del sector de la salud consideraron que el amplio alcance e influencia que las OBF tienen en sus países son una ventaja que puede aprovecharse para las actividades relacionadas con el VIH/sida. Por ejemplo, el director de un organismo de asistencia bilateral de Honduras señaló que las OBF aportan una ventaja particular por su asociación con los jóvenes y por la influencia que ejercen sobre ellos:

> [Las OBF] son socios importantes: la penetración en la parte de la juventud y los grupos que los sectores religiosos tienen. Es envidiable para cualquier partido político, para cualquier cosa. La fuerza que tienen, la forma y estructura que tienen para poder llegar a grandes cantidades de masas de adultos o jóvenes.

Los líderes de las OBF y del sector de la salud se manifestaron a favor de la función de las OBF en la atención y el apoyo brindado a las PVV y sus familias. Como se describió en el capítulo anterior, algunas OBF ya realizan actividades para brindar atención médica y tratamiento de la salud mental, apoyar a los moribundos y rechazados (por ej., hospicios), y ayudar a las personas y a sus familias a recuperar la salud social y económica. En general, los entrevistados consideraron que dicha atención para las PVV representa una extensión de la función que las OBF ya cumplen en la vida de las personas. Los albergues y hospicios patrocinados por las OBF de Honduras y Guatemala a menudo brindan atención a las PVV que fueron rechazadas por sus familias, y estas organizaciones pueden compensar las carencias de los servicios del gobierno. En los tres países, algunas denominaciones tienen una larga tradición en la atención de la salud a través de congregaciones (por ej., puestos de salud anexos a iglesias), por lo cual la incorporación de la atención del VIH se ha considerado una extensión apropiada de esta actividad.

Los líderes de las OBF y del sector de la salud de los tres países señalaron que hay muchas necesidades insatisfechas de servicios de apoyo para las PVV. Como ejemplos de los servicios que se necesitan para apoyar a las PVV, mencionaron la asistencia con alimentos, la generación de ingresos o proyectos de microfinanciamiento, y otras oportunidades de empleo. Sin embargo, los entrevistados también indicaron que la disponibilidad de tales servicios era limitada o inexistente. En particular, señalaron que para muchos pacientes con VIH es difícil cumplir con la TARV porque no tienen suficientes alimentos o porque venden sus medicamentos para comprar alimentos para sus familias. En general, en los tres países, no escuchamos de muchos proyectos que proporcionaran alimentos, empleo o proyectos de microfinanciamiento o de generación de ingresos para las PVV. Los entrevistados mencionaron que la pérdida del empleo es algo común porque la mayoría de los casos de VIH se diagnostican cuando la persona ya presenta síntomas (es decir, sida).

Algunos líderes del sector de la salud consideran que las OBF están en una buena posición para prestar estos servicios de apoyo que generalmente aún no se han brindado a las PVV, tales como actividades generadoras de ingresos y programas de nutrición. Esto es así porque las OBF tienen un amplio alcance en una variedad de comunidades (urbanas/rurales, diferentes grupos étnicos) y a menudo ayudan a satisfacer necesidades básicas de sus congregaciones y comunidades. Por ejemplo, un líder del sector de la salud de una ONG de Belice dijo que las OBF están en una buena posición para proporcionar alimentos, micropréstamos y medicamentos para infecciones oportunistas, mientras se deja que otras organizaciones promuevan el uso del condón:

> Esa ha sido mi área; si la promoción del uso del condón no es tu área, no hay problema; yo me ocupo. Pero hay algo que *usted* puede hacer, desde un punto de vista más humanitario. Incluso

brindar APV [asesoramiento y pruebas voluntarias], el tema de las pruebas diagnósticas con la Iglesia Católica y los sacerdotes, y lo que fuere, es como muchas otras cosas, como los bancos de alimento. No es ninguna amenaza, ¿verdad? Por ello [las OBF] podrían simplemente suministrar alimentos [a las PVV], ¿no? O, como vi en Honduras, donde otorgan micropréstamos o microfinanciamiento a las personas [que viven con el VIH]. O como en una clínica San Vicente de Paúl, en la que trataban infecciones oportunistas en Honduras y recibían donaciones de medicamentos. Dado que [incluso para] el gobierno, las infecciones oportunistas son costosas, y tienen problemas con cosas (especialmente con cosas como antimicóticos y calmantes) que podían recibir de otros organismos. [Una OBF] tenía y administraba una clínica que los entregaba [a los medicamentos]. Creo que en esa clínica entregaban los ARV, pero el hecho es que [las iglesias] podrían haber hecho algo más. Y había enfermeras. Hay otra cosa que no entiendo: la iglesia podría proporcionar asesoramiento y pruebas voluntarias porque hay monjas católicas que son enfermeras capacitadas y médicos que podrían ir a ayudar, ¿verdad?

Hay quienes consideran que los pastores deben participar más en conversaciones sobre lo que las OBF pueden hacer por las PVV para que las OBF puedan ayudar a satisfacer la necesidad de servicios de apoyo. Como observó un pastor evangélico de Belice: "¿Cuál es el uso práctico de las iglesias? Si no estamos allí cuando nos necesitan, ¿de qué sirve?". Además, líderes del sector de la salud recalcaron que las actividades de las OBF que brindan atención y apoyo social tendrían éxito solamente si las OBF se abstuvieran de asumir actitudes de condena y prejuicio y estigmatizadoras (se analizarán en más detalle en la sección "Desafíos y obstáculos").

En los tres países, hubo un consenso generalizado entre los entrevistados en cuanto a que la mayoría de la atención y de los fondos se destinan al tratamiento, y que en el caso de la prevención, "son insuficientes". Los entrevistados dieron varias razones para explicar esto. En primer lugar, se afirmó que muchos donantes internacionales aportan fondos específicamente para el tratamiento, quizás porque a menudo es la necesidad más obvia y urgente. En segundo lugar, los gobiernos han recibido mucha presión local e internacional para brindar atención, en particular los ARV, a través de las actividades de las organizaciones que atienden a las PVV. Por ejemplo, un líder del sector de la salud de Guatemala consideraba que el gobierno de ese país proporciona tratamiento porque es una exigencia de las leyes (para cuya aprobación los grupos de promoción fueron clave), pero descuida la prevención. En tercer lugar, desde una perspectiva ética, algunos opinaron que el abordaje de los problemas más críticos y de algún modo más fáciles en torno al tratamiento de personas identificadas como seropositivas debería tener prioridad con respecto a las actividades de promoción de gran escala. Por ejemplo, un líder del gobierno dijo:

> Sí, estoy tratando de ponerme al día. Estoy intentando que todo aquel que necesite tratamiento lo tenga, antes de que yo pueda comenzar a implementar verdaderas estrategias de prevención. Por ahora, solamente estoy tratando de ponerme al día.

Algunos líderes del sector de la salud y la mayoría de los líderes de las OBF consideran que el amplio alcance e influencia de las OBF entre los jóvenes y en las áreas remotas son una ventaja que podría ayudarlas a cumplir funciones importantes en la concientización y difusión de mensajes de prevención. Como vimos en el capítulo anterior, muchas OBF ya realizan actividades educativas para ayudar a prevenir el VIH/sida, aunque los mensajes de tales campañas a menudo recalcan solamente la abstinencia y la fidelidad matrimonial. Algunos entrevistados indicaron que las OBF podrían ampliar sus actividades educativas. Por ejemplo, un trabajador de la salud de una institución sin fines de lucro de atención del VIH en Guatemala señaló que a pesar de las prohibiciones religiosas con respecto al uso del condón, hay muchas acciones que las OBF podrían emprender en respuesta al sida, por ej., alentar a las personas para que se realicen las pruebas y para que obtengan información sobre el VIH, especialmente si se considera que hay iglesias en todas las comunidades:

> Pero por lo menos otro tipo de información ellos [las iglesias] sí podrían difundir, que no tiene nada que ver [con el condón] ni [está] en contra de lo que piensan ellos, como información fun-

damental: que la gente vaya a hacerse las pruebas, que la gente se acerque a centros de información, que las mujeres accedan a tratamiento para salvar a sus bebés, o que los jóvenes necesiten información. Tomar un tipo de liderazgo; eso es lo que las iglesias podrían hacer perfectamente bien. Podrían hacer tanto, pero no lo están haciendo… lo ideal sería que todas estas estructuras se incorporaran a ciertas mesas de discusión de trabajo que se hace al nivel del país… para poder ayudar a que la información llegue a todos sectores. Tú vas al interior de la república y a veces tú ves una iglesia y no una escuela.

Algunos líderes del sector de la salud mostraron menos entusiasmo en intentar ampliar el papel de las OBF en la prevención del VIH debido a que les preocupan las políticas de algunas OBF que prohíben el uso del condón; no obstante, estos líderes apoyan las actividades de las OBF tendientes a mitigar los efectos del VIH/sida. Por ejemplo, un líder del sector de la salud de Belice resaltó este tema:

> Otra área es la mitigación, y es allí donde intentamos centrar la atención de la respuesta de las organizaciones basadas en la fe. Dejen los mensajes de prevención en nuestras manos. Si ustedes tienen un problema con los condones, está bien; solamente pedimos que trabajen en otras áreas de mitigación, tales como orientación psicológica y espiritual a largo plazo, programas e iniciativas generadoras de ingresos, servicios de apoyo (a largo plazo) como nutrición y asesoramiento sobre la importancia del cumplimiento del tratamiento. Nuestra respuesta no es muy sólida en estos temas. Por esa razón, las personas que viven con el VIH no confían tanto como para venir; no confían en los servicios.

Aunque algunos líderes del sector de la salud indicaron que las OBF estaban limitadas para actuar en la prevención, casi todos los encuestados reconocieron su importante función en la sociedad. Algunos, como este líder regional del sector de la salud, siguen considerándolas un aliado importante:

> Las tres vías de prevención más importantes se mencionan en el ABC (abstinencia, fidelidad y condones), y compartimos dos de

ellas con la Iglesia, suponiendo que se están realmente implementando. Estamos de acuerdo hasta que surge la "C", en torno a la cual diferimos. Por ello, alentamos un abordaje en el que trabajamos juntos en torno a la "A" y la "B", y separados en lo que respecta a la "C". En nuestra opinión, la Iglesia, en particular la Iglesia Católica, tiene un papel importante en la transmisión del mensaje de prevención a un grupo en particular. La mayor parte del mundo tiene una religión; en todas partes. Si las iglesias están preparadas para dirigir a la multitud un mensaje de prevención, estamos frente a un paso importante; un aliado importante.

Desafíos y obstáculos para las actividades relacionadas con el VIH/sida realizadas por las OBF

Los líderes de las OBF y del sector de la salud identificaron una serie de desafíos u obstáculos para las actividades relacionadas con el VIH/sida realizadas por las OBF. Hemos agrupado estos obstáculos en cuatro categorías: las actitudes y creencias de las OBF con respecto al VIH, los obstáculos organizacionales de las OBF, los obstáculos de recursos de las OBF y los obstáculos relacionados con una falta de evidencia sobre el impacto de las OBF. La primera categoría (actitudes de las OBF) es más ideológica y, como tal, presenta obstáculos para la participación (las OBF con ciertas actitudes no desean tener participación relacionada con el VIH). La segunda y la tercera categorías (obstáculos organizacionales y de recursos) no se relacionan tanto con la intención, sino con la capacidad de ejecución (es posible que una OBF desee participar, pero que no tenga la infraestructura o los recursos). La cuarta categoría (falta de evidencia del impacto de las OBF) es una barrera en la perspectiva de los líderes del sector de la salud o de la comunidad científica. Como se muestra en la Tabla 4.1, los líderes de las OBF y del sector de la salud tienden a diferir en el énfasis relativo que se da a cada desafío.

Tabla 4.1
Desafíos percibidos por los líderes del sector salud y de las OBF para el desarrollo de actividades relacionadas con el VIH/sida realizadas por las OBF

Desafíos identificados para las actividades de las OBF	Salud	OBF
Actitudes y creencias de las OBF		
Consideran que el VIH es un castigo divino	√	√
Alientan a las PVV a dejar sus medicamentos y a confiar en la oración	√	√
Tienen dificultad para hablar del sexo y del VIH (estigma)	√	√
Condenan a los HSH, trabajadora/es sexuales	√	
Prohíben el uso del condón o dicen que no es efectivo	√	
Obstáculos organizacionales de las OBF		
No tienen estructura formal/están divididas/no están bien organizadas	√	√
No hay suficientes pastores capacitados en VIH		√
Recursos		
Muchas iglesias son pequeñas y/o carecen de recursos		√
Falta de atención de la salud en áreas rurales		√
Falta de fondos para estrategias de abstinencia/fidelidad		√
Falta de evidencia del impacto de las OBF		
Falta de seguimiento después de las capacitaciones de líderes de OBF	√	
Estrategias de abstinencia/fidelidad no eficaces	√	
No hay valoración/evaluación de las actividades de las OBF	√	

NOTA: Los líderes se clasificaron por el tipo de organización a la que pertenecen (salud/laicos frente a OBF), independientemente de otras afiliaciones que pudieran tener.

Las actitudes y creencias de las OBF

Algunas OBF consideran que el VIH es un castigo divino. Tanto los líderes de las OBF como los del sector de la salud mencionaron este obstáculo. Esta creencia aumenta el estigma contra las PVV y también disuade a las personas de hacerse las pruebas diagnósticas o de revelar su condición de seropositivas a sus congregaciones. Por ejemplo, un líder del sector de la salud de un organismo de asistencia bilateral de Guatemala mencionó que mezclar los problemas de la salud con la religión (es decir, emitir juicios morales sobre el comportamiento) en realidad obstaculiza la prevención:

> Algunas personas se expresan mal de las personas VIH-positivas y dicen que están castigadas. [Piensan] que se lo merecen por la mala conducta... El problema es cuando se mezclan los conceptos de la salud con cuestiones de la religión, y impiden que se haga la prevención de la transmisión de enfermedades, o impiden que se haga un plan adecuado al tratamiento a las personas que están enfermos. Eso es el punto central... Para lo positivo hay muchas formas en que ellos pueden actuar.

Un pastor protestante de Guatemala indicó que la mayoría de las iglesias de ese país son evangélicas y tienen una actitud de condena hacia quienes son seropositivos:

> Claro que en Guatemala, la mayoría son iglesias evangélicas, y cuando decimos evangélicas, es en su connotación del inglés de ser conservadoras, casi fundamentalistas. Entonces esos temas [del VIH/sida], son pecados. No hay que tocar, y quien está ... es un... tiene VIH-positivo es porque ha pecado, y hay que condenarlo.

Las actitudes de las OBF hacia el VIH/sida se relacionan con actitudes hacia la homosexualidad. Los líderes de las OBF expresaron diversas actitudes hacia las personas gay, aunque tendían a coincidir en que la homosexualidad era "anormal" y que no concuerda con las enseñanzas bíblicas. Algunos grupos (especialmente los más conservadores) dijeron que de ningún modo aceptarían personas gay en sus iglesias o seminarios, y que algunos usan la orientación psicológica y espiritual para "tratar" a los homosexuales (es decir, para convertirlos en heterosexuales). Un líder de una OBF evangélica de Guatemala explicó que para su iglesia la homosexualidad es un pecado que debe cambiarse cuando alguien desea vivir en la iglesia:

> Yo creo que los homosexuales y las personas con esas tendencias son personas que se han desviado de desarrollo, de su crecimiento. Como cayó en el conflicto, así pueden salir también del conflicto.

Entonces el intento, el trabajo con ellos sería de volverlos a su identidad correcta, no tanto en ayudarlos o preparar la comunidad para que aprenda a convivir con gente así. Es igual que el pecado. La iglesia es un taller de santos. Allí vamos gente que tenemos problemas o hemos pecado, y queremos ser devueltos a nuestro estado ideal al que Dios quiere que estemos, sin pecar. Ahora, no somos ciegos; no creemos que ya no pequemos. Seguimos siendo vulnerables. Pero podemos ayudarnos para pecar menos. Entonces la idea es que "no somos pecadores porque pecamos, sino pecamos porque somos pecadores".

En los tres países, hubo un consenso generalizado entre los líderes del sector de la salud que trabajan con HSH en cuanto a que las OBF hacen que las personas gay sientan vergüenza y culpa porque las OBF enseñan que la homosexualidad es un pecado, que los homosexuales no son hijos de Dios y que los homosexuales son violadores. A veces estas enseñanzas pueden aumentar el riesgo de que los homosexuales contraigan el VIH, especialmente si se quedan sin techo (debido al rechazo familiar) y si deben recurrir al trabajo sexual o a otros comportamientos de alto riesgo, como lo explicaba un líder del sector de la salud de Honduras:

Hubo casos con jóvenes que descubren su [homo]sexualidad y sus familias los han rechazado porque pertenecen a alguna secta religiosa que les están diciendo "échalo de su casa". Porque una vez que es homosexual, [estas iglesias enseñan que] no es "hijo de Dios". La iglesia a veces juega un rol importante en la manipulación de la familia. Allí a nosotros les ayudan cuando ellos se dan cuenta de que tienen que buscar la calle o hacer trabajo sexual (porque a veces son muy niños) para sobrevivir, para [tener] un techo digno.

Algunos líderes del sector de la salud consideraron que ciertos grupos religiosos fomentan el sentimiento antigay y en casos extremos incluso promueven parte de la violencia contra las personas gay en la región. Un líder del sector de la salud de Guatemala dijo:

Las iglesias son las que promueven los asesinatos de odio por identidad sexual en Guatemala; espero que no nos quieran matar, pero lo promueven. En el 2005 cuatro policías mataron a [una trabajadora sexual transgénero]. No sabemos por qué la mataron, pero yo sospecho que fue por prejuicios religiosos".

Varios entrevistados sostuvieron que el estigma del VIH se debe en gran medida a que se lo asocia a la promiscuidad y al contacto sexual entre hombres. Nos explicaron que, debido al machismo, generalmente se desprecia más a las mujeres que a los hombres por la promiscuidad; es decir, en cierto sentido se espera que los hombres tengan mucha experiencia sexual y muchas compañeras sexuales simultáneamente, pero se espera que las mujeres sean vírgenes antes de casarse y que siempre sean fieles a sus maridos. Por otro lado, un líder de una OBF de Belice señaló que probablemente a las mujeres se las desprecie menos que a los hombres por ser VIH-positivas debido a que se asocia al VIH con las relaciones sexuales entre hombres:

En términos de promiscuidad, la promiscuidad masculina parece tener un poco más de aceptación social, aunque de vez en cuando se escucha decir que los "hombres son perros". No obstante, en alguna medida no se trata de desprecio, por decirlo de algún modo. Y es probable que con una mujer promiscua la opinión pública sea más severa y la describa con palabras más despectivas. En términos del VIH/sida, en cierto sentido puede suceder lo contrario. No soy un experto, pero es posible que un hombre que tiene VIH/sida reciba una mirada más severa que una mujer con VIH/sida. A mí me parece que frecuentemente lo que verdaderamente se desprecia es la homosexualidad masculina. La homosexualidad femenina, curiosamente, es un poco más aceptada socialmente. Es decir, hay una combinación extraña: la promiscuidad de los hombres tiene más aceptación que la de las mujeres, pero en el caso del VIH/sida, se tiene más compasión por las mujeres que por los hombres.

En los tres países, muchos entrevistados señalaron que las poblaciones de hombres homosexuales fueron las primeras comunidades afectadas por el VIH y las más afectadas. Indicaron que, además de ser rechazados por las familias e iglesias, los hombres gay VIH-positivos también supuestamente fueron marginados por hospitales del gobierno que a veces se rehusaron a darles medicamentos y atención. Por ejemplo, un líder de una ONG de Honduras dijo:

A nosotros los gays nos negaban el acceso a una atención integral, tal vez por pertenecer a una comunidad diferente; decían que tal vez los gays o los trabajadores comerciales del sexo, nos trataban como que no teníamos derecho a la vida.

Tanto los líderes de las OBF como los del sector de la salud comentaron que era difícil determinar la proporción de casos de VIH que se deben al contacto sexual entre hombres porque en la región hay un gran estigma de la homosexualidad. Cuando los líderes de las OBF hablaron de los HSH, describieron el estigma asociado a la homosexualidad de maneras similares. Tanto los líderes de las OBF como los del sector de la salud nos dijeron que, en esos países, a los hombres les cuesta admitir ante los demás que tienen relaciones homosexuales, lo cual hace que sea muy difícil determinar la cantidad de individuos que son VIH-positivos a causa de contactos homosexuales. También nos dijeron que el estigma social de la homosexualidad era tan intenso que muchas encuestas de la región ni siquiera incluyen "contacto sexual entre hombres" ni "orientación homosexual" como opciones para describir cómo se adquirió el VIH. Además, un líder del sector de la salud de Honduras explicó que el papel desempeñado por los HSH en la epidemia se informaba menos de lo debido porque los HSH a menudo consideran que son heterosexuales si también tienen relaciones sexuales con mujeres. En consecuencia, en los estudios que sí preguntan a los encuestados sobre diversas prácticas u orientaciones sexuales, aún tienden a informar menos casos de contacto sexual entre hombres de los que en realidad existen.

Algunos líderes de las OBF dijeron que intentaban abstenerse de "juzgar" y de discriminar a los homosexuales, aunque sostenían que no estaban de acuerdo con ese "estilo de vida", es decir, "amar al pecador, no al pecado". Asimismo, un ministro protestante de Belice recalcó que el VIH debía considerarse como cualquier otra enfermedad:

Descubrí que el peligro es la actitud de condena [hacia la persona con VIH] . . . pero el VIH es simplemente otra enfermedad, como el cáncer, la leucemia, la que sea. Y hasta que alcancemos esa etapa en todo el mundo, no solamente aquí, no superaremos el obstáculo de la discriminación. Es simplemente otra enfermedad, punto. Hasta que la tratemos como tal, no la superaremos.

Sin embargo, muy pocos de los líderes de las OBF que entrevistamos expresaron una aceptación plena de los homosexuales y de las relaciones entre personas del mismo sexo.

Las actitudes hacia el VIH parecían estar cambiando en algunas iglesias, especialmente a medida que la epidemia se generaliza. Un líder de una ONG de Belice consideró que la mayoría de las iglesias están cambiando de una actitud de condena a una de compasión, por lo menos en relación con las mujeres y los niños, pero de todos modos les falta información que podría ayudarlos a entender mejor la epidemia:

> Creo que básicamente, las iglesias quieren hacer lo que sea mejor, y me parece que se han apartado de [la perspectiva del VIH/sida como] "castigo divino". Así era al principio... [Ahora la actitud es más del tipo] "¿Y qué pasa con las mujeres, qué pasa con los bebés?". ¿Qué vamos a hacer? ¿Decirles que es algo bueno para ellos, o cosas por el estilo? Es decir, al principio había ese tipo de cosas, simplemente se apartaba [a las PVV] porque [las iglesias] hablaban del infierno y de la condena, pero eso ha cambiado mucho. Aún creo que [las iglesias] tienen ese miedo, también. [Las iglesias] no tienen información y no quieren que la gente sepa que no tienen información; por eso tienen esta actitud. Cuando [las iglesias] consigan la información, van a poder reconocer que "podría sucederle a mi hermano, a mi hermana".

Tenemos informes anecdóticos de algunos pastores y de otros líderes religiosos que alientan a las PVV a dejar de tomar los medicamentos y, en cambio, a confiar en la oración. Por ejemplo, un líder del sector de la salud de una ONG de Guatemala que atiende a PVV confirmó que hay relatos de algunas congregaciones religiosas que alientan a las PVV a confiar en la oración en lugar de la TARV, pero la organización de este líder les exigía a todos los voluntarios una rigurosa capacitación en el VIH y limitaba las actividades que las congregaciones podían realizar en las instalaciones de esta organización. Las congregaciones y los voluntarios pueden brindar atención pastoral y atender servicios religiosos, pero no pueden ir solamente para realizar "sanaciones" religiosas. Este líder de una ONG reconoció que en ocasiones, los grupos religiosos interfirieron en la TARV en hospitales públicos, y que posiblemente hicieron que los pacientes rechazaran los medicamentos:

> Las clínicas de los hospitales nacionales que distribuyen terapia antirretroviral sí han tenido muchos problemas con las congregaciones religiosas, primordialmente con las "jornadas de sanación", ¿verdad? En la cual de pronto hay alguien que toma su antirretroviral, y después de seis, siete meses o un año empieza a sentirse muchísimo mejor; va a una *jornada de sanación* y alguien lo "sana", y abandona su terapia. Y luego hay resistencia. Y de verdad no sé si eso se aborda de una forma buena; puede ser un gran problema para el control de los propios pacientes. Pero afortunadamente como te digo nuestra experiencia ha sido positiva. Entre todo, hay que hacer un balance justo.

Un pastor evangélico de Honduras señaló que había oído que algunos pastores les decían a los fieles que dejaran de tomar sus medicamentos, pero le parecía que la mayoría de los pastores querían saber más sobre el VIH y sobre cómo colaborar con el sistema de salud pública:

> Hace poco estuve en un foro y entonces yo compartí un poco de lo que hace la Iglesia Evangélica en cuanto al sida. Muchos, una gran cantidad de los asistentes, ellos en sus participaciones, decían que hay muchos pastores que después que oran por una persona enferma le dicen [al paciente]: "abandonen la medicina". Esto es algo que algunos dicen, pero nosotros no lo encontramos al entrevistar pastores. Pero es probable que haya algunos porque estos tipos de impresiones no surgen en el pasillo. Es probable que haya algunos, pero no creo que es la mayoría. La mayoría (por ejemplo en estas reuniones que tuvimos hace poco), la mayoría de ellos decían lo siguiente: "Nosotros deseamos de aprender más". La segunda cosa que dijeron es: "Desearíamos saber cómo tener una mejor relación con el sistema de salud pública, porque no sabemos a quién ir, cómo ir".

Los líderes de las OBF y del sector de la salud coinciden en que la dificultad que las OBF tienen para hablar de sexo constituye un obstáculo para las campañas de prevención del VIH. Por ejemplo, un líder católico de Guatemala opinó que esta dificultad para hablar de sexo es la razón por la cual la Iglesia se ha centrado, en cambio, más en la atención de las PVV:

> En la Iglesia no tenemos problemas para hablar sobre el VIH; el problema es hablar sobre sexo. Es decir, 95% de nuestra gente es VIH-positiva debido a la transmisión sexual; por eso creo que es lo más importante, y creo que esa es la razón que lleva a la Iglesia a inclinarse hacia la atención de quienes están realmente enfermos.

Algunos líderes de las OBF sugirieron que el estigma a veces impedía que se hablara abiertamente del VIH/sida. Por ejemplo, un líder de una OBF protestante de Honduras opinó que la propagación del VIH/sida en su país se debía a que la Iglesia no hablaba de eso:

> Es un trabajo de ir botando los muros para que la iglesia esté consciente de las cosas del VIH/sida. Hay que hablarlas y socializarlas en lo público y abiertamente. Porque el VIH/sida ha avanzado en Honduras, en mi criterio, en gran parte porque se mantuvo siempre en secreto. Es algo de lo que no se hablaba.

Para algunos líderes de las OBF, la participación de las OBF encuentra desafíos debido a que el VIH es un gran tabú. Los líderes de las OBF indicaron que muchos pastores, o bien se resisten a hablar del VIH, o creen que los miembros de su congregación no corren riesgos. Por ejemplo, un líder evangélico de Honduras observó que algunos líderes religiosos o cristianos creían que el VIH no los afectaba a ellos ni a sus feligreses:

> Los cristianos sienten que, por el hecho de serlo, ya están protegidos. Los sacerdotes piensan que "el VIH camina por la calle, pero no entra a su iglesia".

Los líderes de las OBF también señalaron que en muchas congregaciones no se habla abiertamente del VIH/sida y que esto dificulta la asignación de recursos de la congregación para apoyar a las PVV. Algunos líderes de las OBF afirmaron que los pastores no tienen una buena preparación para ocuparse del VIH y que se necesita capacitación. Además, debido al estigma y a la discriminación que afectan a las PVV, muchos miembros de la iglesia que son VIH-positivos no quieren que nadie de la congregación conozca su condición, lo cual dificulta que la congregación les brinde más apoyo. Por ejemplo, un pastor evangélico de Honduras dijo que las iglesias evangélicas dan apoyo, pero que es difícil saber hasta qué punto eso sucede, pues estas actividades deben "pasar inadvertidas" porque se trata del VIH/sida:

> Una barrera que ellos mencionan frecuentemente es la confidencialidad. Decían los pastores: "Nosotros nos sentimos como con las manos atadas porque no podemos contar, y entonces no podemos generar todo el potencial de ayuda que podría tener la iglesia". Por ejemplo, si hay alguien en la congregación que tiene cáncer, o cualquier otro problema, el pastor dice en público: "Hermanos, vamos a orar por fulano de tal que tiene cáncer". Y entonces también genera mucho apoyo, en alimentos, y otras cosas. Pero en estos casos [del VIH], ellos no pueden, porque no pueden contar. Entonces es una barrera que tienen. Así que yo no les podría decir cuántas iglesias, de las más que 10,000 que hay en Honduras, que están trabajando de esta forma.

La necesidad de "guardar silencio" en torno a las actividades relacionadas con el VIH/sida puede ser un obstáculo que impide crear una mayor base de apoyo a sus campañas de ayuda para las PVV.

Las actitudes de las OBF de condena y prejuicio hacia las personas gay, HSH y trabajadores sexuales, y el alcance limitado que las OBF tienen en estos grupos son, para los líderes del sector de la salud, desafíos adicionales para la participación de las OBF en la prevención y el apoyo para PVV. Por ejemplo, se indicó que, en Guatemala, la epidemia se concentra más en grupos (HSH, trabajadores sexuales) a quienes la Iglesia generalmente no llega:

Una dificultad es pensar en dónde está concentrada la epidemia, y ver qué significa eso. [En Guatemala], está concentrada en grupos estigmatizados que específicamente no son las prioridades de la iglesia; estamos hablando de HSH y trabajadores sexuales. Entonces, pensar en un mundo en que la iglesia, con su fuerte organización y membresía, podría sustituir por contrayente como [inaudible] y entregar medicamentos [a estos grupos estigmatizados]. Me [parece un poco] extraño porque no veo trato de respeto y de mucha voluntad con las mismas poblaciones que siempre han estado en las mismas circunstancias con la iglesia. La iglesia tendría que abordar [estas] poblaciones.

Los líderes del sector de la salud consideran que las prohibiciones de las OBF contra el uso del condón y su resistencia a promover su uso también son obstáculos igualmente importantes. Un líder del sector de la salud de Guatemala afirmó que esta prohibición o resistencia es el mayor obstáculo que impide que las OBF asuman un papel positivo en la respuesta al VIH:

> Básicamente, es una negativa el no uso del condón. No podemos hablar a la juventud ni a nadie sobre la abstinencia porque no es real. Entonces hay que presentar todas las opciones, y cada persona tiene una decisión informada. Pero con ellos no se puede hacer porque solo hablan de la abstinencia, de la fidelidad. No se puede. Yo creo que es el obstáculo más grande. Aunque el Papa (anterior) dijo que las parejas que eran serodiscordantes podían usar el condón para protegerse del VIH. Pero parece algo tan discriminatorio; entonces solo las personas con VIH pueden usarlo para no transmitir la infección a su pareja.

Un líder de una organización regional dedicada a promover los derechos en relación con el VIH que conoce la situación de Honduras opinó que las iglesias evangélicas y la Iglesia Católica en especial, han obstaculizado las campañas de prevención del VIH, principalmente por su oposición al uso del condón:

> Las iglesias evangélicas han sido un obstáculo muy grande en términos de prevención, especialmente porque Honduras siempre

intenta ampliar y mejorar su educación sexual, y la Iglesia Católica y el Arzobispo presentan una gran oposición al uso del condón.

Una persona VIH-positiva de Guatemala explicó del siguiente modo las consecuencias de las políticas de las OBF en contra del uso del condón:

> Por ejemplo, en el caso mío, ni mis padres, ni en la escuela ni en la iglesia, nunca hablaron del preservativo. Yo lo conocí por curiosidad, pero nunca lo utilicé y por eso me infecté.

Las políticas en contra del uso del condón de muchas iglesias católicas y evangélicas han hecho que las OBF adquirieran una mala reputación entre los grupos laicos que trabajan con el VIH. En los tres países, encontramos organizaciones que tenían relación con la fe u origen en la fe (por ej., financiamiento, voluntarios), pero decidieron identificarse como organizaciones humanitarias en lugar de organizaciones basadas en la fe. Una líder de una de estas organizaciones de Guatemala explicó que su organización conserva sus principios religiosos, pero se presenta con una identidad laica para que la organización pueda llegar a los grupos a los que normalmente las iglesias evangélicas no llegan:

> La visión siempre desde el principio ha sido eso; no darnos una imagen religiosa, sino de trabajar con los principios y poder llegar a donde las iglesias evangélicas normalmente no llegan. Porque desde el momento que nos identifican como muy evangélicos, se cierran las puertas. Nuestra entidad ha trabajado fuerte para dar ese equilibrio. Tenemos cuidado de no hacer promoción de una iglesia especifica, [pero] trabajamos con los principios de Dios, y eso nos ayuda.

Obstáculos organizacionales

Tanto los líderes de las OBF como los del sector de la salud identificaron una serie de obstáculos organizacionales para las actividades relacionadas con el VIH/sida realizadas por las OBF. Tales obstáculos son especialmente frecuentes, dada la proliferación de diferentes tipos de denominaciones y de iglesias sin denominación en toda América Central. La Iglesia Católica sigue siendo la denominación más grande en los tres países, pero sin la hegemonía del pasado, y aproximadamente el

50% de beliceños (Central Statistical Office, 2000), entre 57 y 68% de guatemaltecos (Bureau of Democracy, 2007) y el 47% de hondureños (CID Gallup, 2007) se identifican como católicos. Sin embargo, otros grupos cristianos, especialmente evangélicos, pentecostales o grupos sin denominación particular, han crecido hasta representar conjuntamente el 30 ó 40% de la población, pero ninguna denominación no católica representa más del 10%.

Para algunos líderes del sector de la salud ha sido un desafío trabajar con la comunidad basada en la fe debido a su diversidad. Por ejemplo, varios líderes del sector de la salud mencionaron que no hay una única estructura que reúna a todos los grupos de fe, lo cual dificulta una mayor coordinación con este sector. Asimismo, para un líder del sector de la salud de Guatemala fue un desafío trabajar con las iglesias, no solamente por la diversidad de denominaciones y religiones, sino también por el multiculturalismo de la población del país:

> En Guatemala el problema que tenemos es la idiosincrasia y la multiculturalidad que hay. Yo me acuerdo que hace años trabajé con médicos por unas partes muy lejanas, casi a la frontera de México donde ni entra transporte, y [allí] hay unas religiones muy tradicionales que todavía hablan de la lluvia, del volcán y de la montaña. Y en Guatemala se hablan 23 idiomas (como los maya, xinta, y también los caribeños). Hay que hacer algo por regionalizar por lenguas.

De hecho existen asociaciones de iglesias afines entre distintas denominaciones, por ejemplo, la Confraternidad Evangélica de Honduras, y otras coaliciones más ecuménicas que reúnen a católicos y protestantes, como el Consejo de Iglesias de Belice y el Consejo Ecuménico Cristiano de Guatemala. Curiosamente, estas asociaciones han estado detrás de campañas más visibles relacionadas con el VIH/sida en estos países, junto con actividades de denominaciones específicas, tales como el trabajo de la Iglesia Episcopal en la prevención y el tratamiento del VIH en Honduras, el trabajo relacionado con el VIH de la Pastoral de la Salud Católica en Guatemala (Proyecto Vida) y la educación en el VIH basada en escuelas de la Iglesia Anglicana en Belice.

Obstáculos de recursos

Los líderes de las OBF rápidamente señalaron la falta de recursos para actividades relacionadas con el VIH realizadas por las OBF. En primer lugar, recalcaron que muchas iglesias son pequeñas y no tienen recursos, mientras que las iglesias más grandes y más adineradas tienden a interesarse poco por los temas de justicia social. Por ejemplo, un líder regional de una OBF internacional que trabaja con iglesias evangélicas tanto en Guatemala como en Honduras observó:

> Muchas [son] iglesias modestas; y pensando en las iglesias que son grandotas, ellas tienden a predicar la "teología de la prosperidad", ¿verdad? Entonces hay muy poco interés en cualquier otro problema económico, de justicia, o de salud, ¿verdad? Muy poco interés. El énfasis es más en otras cosas.

Pero más allá del nivel de la congregación, también es importante tener en cuenta los recursos en los niveles denominacionales, interdenominacionales e internacionales. Muchas de las actividades relacionadas con el VIH/sida en estos niveles superiores parecen vincularse a oportunidades de obtener fondos externos (por ej., a través del Fondo Mundial, o de donantes privados que apoyan la misión de una OBF). Algunos líderes de las OBF lamentaron que los fondos internacionales se hayan centrado principalmente en estrategias de prevención del VIH basadas en el uso del condón. Esto dificulta que las OBF obtengan fondos para sus estrategias de abstinencia y "fidelidad".

> El segundo desafío tiene que ver con el aspecto de los recursos. Lamentablemente, cuando estamos hablando de una postura de prevención primaria (aquí estamos hablando de la estrategia "ABC", en que "A" es abstinencia, "B" es fidelidad y "C" son condones), en donde la prevención primaria que es 'A' y 'B' no tiene muchos donantes. La "A" "B" no es muy popular. No tenemos fuente de financiamiento. Así que el gran desafío es presentarnos como la contribución a esta respuesta nacional. Porque nos empiezan a ver como que "ustedes son las religiosos que quieren hacer lo de la abstinencia y por eso estamos como estamos". Nos echan la culpa. Entonces los condones, toda la respuesta, todos los fondos están dirigidos para allá. Pero cuando nos presentamos

como polos opuestos, no llegamos a ninguna solución. Así que el desafío es que nosotros como el cuerpo de Cristo conozcamos cómo presentar nuestro lado: la "A" y la "B". Alguien lo tiene que hacer. Nuestros niños de pre-escolar y nuestros adolescentes, si lo planteamos simple y sencillamente que la actividad sexual no es saludable dentro de la edad pre-adolescente y vemos cuales son las respuestas biológicas y fisiológicas que vamos a encontrar.

A diferencia de los líderes de las OBF, muchos líderes del sector de la salud comentaron que el acceso a recursos es una fortaleza de las OBF, más que un desafío. Según su percepción, las OBF reciben muchas donaciones de dinero y tienen una sólida capacidad de movilizar voluntarios. La capacidad de movilizar voluntarios (es decir, la habilidad de utilizar capital humano con sólidas orientaciones altruistas y de servicio), además del acceso a las personas en general (para la educación, la reducción del estigma, etc.) son ventajas muy útiles en la respuesta al VIH/sida.

Para los líderes de las OBF también es un desafío la coordinación con el personal de atención de la salud, dada su distribución irregular, especialmente en las áreas rurales. Por ejemplo, un líder de una OBF de Honduras cuya organización realiza pruebas de detección del VIH explicó que para ellos es un gran dilema realizarlas en las áreas más alejadas del país sin centros que brinden atención para el VIH ni sólidas redes de remisión:

Uno de los grandes temas cuando trabajamos en esas comunidades tan alejadas de las necesidades básicas es que cuando ofrecemos las pruebas y alguien tiene resultado positivo, [es como que] nos dicen: "Gracias por decirme que soy positivo". Para mí es muy difícil trabajar con una comunidad en particular que esté muy alejada. Por esa razón debemos llevarlo al nivel siguiente, aunque no sea [nuestra organización] la que lo haga, pero es importante hacer que sea necesario tener comunicación o redes con otras organizaciones para poder derivar realmente a estos individuos.

Entrevistador: ¿Porque si la prueba da positivo no tienen adónde ir?

Hay [en una ciudad lejana], pero el problema es que no tienen dinero ni transporte [para ir].

Entrevistador: ¿Pero no hay lugares en su comunidad?

Para el VIH/sida y los medicamentos, no. El Ministerio de Salud asigna pacientes a sistemas o clínicas en particular para maximizar [su eficiencia] porque hay bajos niveles de cumplimiento de los tratamientos en estas poblaciones (no hay programas para el cumplimiento ni visitas domiciliarias); tienen que irse [a centros de salud de ciudades más grandes donde haya una oficina del Ministerio de Salud]. Lo ideal sería estudiar cómo funciona el sistema en cada comunidad.

Discrepancias y tensiones entre organizaciones basadas en la fe y organizaciones de salud laicas

Independientemente de los obstáculos para las actividades relacionadas con el VIH/sida realizadas por las OBF descritas anteriormente, las entrevistas revelaron diferencias fundamentales de valores entre los líderes religiosos y los del sector de la salud. Estas diferencias los orientan en diferentes direcciones en cuanto a la prevención del VIH y además limitan su capacidad de trabajar en relaciones de colaboración. La diferencia más importante es que muchos líderes religiosos favorecen determinados métodos de prevención (tales como la abstinencia o la "fidelidad") y se oponen a otros métodos (como el uso del condón), basándose principalmente en sus creencias religiosas más que en la evidencia de la efectividad de cada método. Por el contrario, los líderes del sector de la salud favorecen los métodos de prevención que tienen probada efectividad en la prevención de la transmisión del VIH. La diferencia en los métodos preferidos probablemente cree menos división que la diferencia en los valores fundamentales que subyacen a estas preferencias, los cuales actúan como obstáculos para establecer la confianza mutua.

Mientras que algunos líderes de las OBF se lamentaban por la falta de fondos para las estrategias de prevención basadas en la "abstinencia" y la "fidelidad", a los líderes del sector de la salud les preocupaba que la efectividad de estas estrategias no haya sido demostrada. Muchos líderes del sector de la salud mencionaron que, aunque las OBF realizaban muchas actividades, la evaluación del impacto ha sido escasa. Por ejemplo, un líder del sector de la salud de un organismo de asistencia bilateral de Honduras atribuyó la falta de evaluación a que frecuentemente hay poca o ninguna rendición de cuentas de los fondos y de las donaciones que las iglesias reciben (las OBF dependen en gran medida de las donaciones), y a que no hay firme evidencia de la efectividad de los programas administrados por las comunidades basadas en la fe. Se hicieron algunos estudios, pero tuvieron problemas metodológicos.

> Yo pienso que con las organizaciones basadas en la fe, sus esquemas de financiación muchas veces son donaciones, entonces [hay que mirar] la contabilidad de esto, ¿no? "Qué hago o no hago con esta plata" ha sido uno de los temas que hemos discutido con ellos. No en el sentido de fiscalizarlas, sino en el sentido de que tienen que legalizar algunos tipos de gastos como normalmente es, ¿no? Entonces a veces esta burocracia, cuesta para entender una organización que reciba la plata aprender la práctica de hacer eso. Eso es un tema en la parte administrativa. El otro tema es en la parte programática de las intervenciones. Todavía con algunas organizaciones de fe tenemos algún tipo de dificultades en el tema de las metodologías. De las metodologías que muchas tienen, tienden más a centrarse en aspectos de conversión religiosa que en aspectos verdaderamente de prevención. Y es un reto, ¿no?; porque hemos avanzado muchísimo en esta parte. De vez en cuando, y creo que a veces es hasta criterios personales, te encuentras algún facilitador dándole duda al [uso del] condón, o cosas como éstas. Pero no es como un bloque institucional. Pero entonces todavía necesitan trabajar un poco más a nivel de la definición clara de las intervenciones, y como vamos a ser socios. Si somos socios tenemos que ser verdaderos socios e ir en un sentido hacia un bien común.

Conclusión

Tanto los líderes de las OBF como los del sector de la salud percibieron que las OBF tenían gran alcance e influencia, especialmente entre los jóvenes y las personas que viven en áreas alejadas; experiencia en la atención médica y de hospicio; potencial para prestar una variedad de servicios de apoyo; y potencial para crear conciencia y difundir mensajes de prevención, con lo cual amplían la prevención y el cuidado del VIH/sida. Sin embargo, se señalaron desafíos, especialmente en cuanto a la prevención, dada la falta de experiencia y sensibilidad de las OBF hacia poblaciones de alto riesgo, tales como HSH y trabajadores sexuales, y la poca predisposición de la mayoría de OBF a promover el uso del condón de un modo más general. Los líderes de las OBF y del sector de la salud reconocieron muchos de los mismos desafíos para las actividades relacionadas con el VIH/sida realizadas por las OBF: la tendencia de las OBF a interpretar el VIH en términos religiosos y por ende promover una respuesta puramente espiritual en lugar de una respuesta médica a la enfermedad; y la incapacidad general de las OBF para hablar de sexualidad. Los líderes del sector de la salud también recalcaron otros problemas, tales como la incertidumbre en cuanto al impacto de las actividades de las OBF y las actitudes estigmatizadoras de las OBF hacia los HSH. Los líderes de las OBF tendieron a recalcar los obstáculos organizacionales y de recursos. No obstante, hubo una sensación general de que las OBF podrían hacer importantes aportes si aprovecharan su gran alcance e influencia para crear conciencia y reducir el estigma que afecta a las PVV y para brindar apoyo y atención a estas personas, especialmente en las áreas en donde hay vacíos, tales como la nutrición y las actividades generadoras de ingresos. Muchos de los líderes del sector de la salud percibieron que la participación de las OBF era más problemática en la prevención que en los servicios de atención y apoyo.

CAPÍTULO CINCO

Discusión

En los capítulos anteriores, revisamos la necesidad de servicios para el VIH en Belice, Guatemala y Honduras (capitulo dos), la participación de las OBF y del sector de la salud en actividades relacionadas con el VIH en esos países (capítulo tres), y los facilitadores y obstáculos para la participación de las OBF (capítulo cuatro). Es este capítulo, reunimos los resultados de los capítulos anteriores y analizamos las consecuencias que tienen para las funciones que las OBF podrían cumplir más efectivamente en el abordaje de la epidemia del VIH en esos países.

Aunque el VIH/sida en América Latina ha captado menos atención internacional que en África subsahariana, la epidemia ha tenido consecuencias de gran alcance en la región, y especialmente en América Central. La epidemia ha afectado profundamente a cada uno de los tres países que estudiamos. Los esfuerzos realizados por los gobiernos para abordar la epidemia han sido insuficientes para alcanzar los niveles necesarios de prevención efectiva y acceso generalizado al tratamiento, aunque, al mismo tiempo, han pedido recursos necesarios para abordar otras necesidades críticas.

Dadas las limitaciones de recursos e infraestructura de salud pública disponibles para enfrentar a la epidemia, y dado que las OBF cumplen una función importante en la prestación de servicios sociales y de salud en países en desarrollo, es natural preguntarse si la respuesta a esta epidemia en estos países puede reforzarse con una mayor labor de las OBF junto a organizaciones privadas y gubernamentales en la respuesta al VIH/sida. Para que las OBF participen efectivamente en la respuesta al VIH/sida, es importante comenzar con una evaluación analítica y realista de lo que estas organizaciones pueden y están dispuestas a hacer. La presente investigación es un intento sistemático de realizar tal evaluación para Belice, Guatemala y Honduras.

Como lo analizamos en el capítulo dos, los desafíos de la epidemia del VIH en estos países abarcan un espectro de necesidades, desde la prevención hasta las pruebas de detección del VIH, los servicios de atención médica y de apoyo, la reducción del estigma y las actividades de promoción. Los análisis y debates previos en torno al posible papel de las OBF a menudo se han concentrado de manera limitada en la capacidad y disposición de las OBF para abordar necesidades específicas en este espectro (por ejemplo, la promoción o distribución de condones), tema en el cual los valores y las prioridades de muchas OBF y organismos de salud pública pueden estar en conflicto. Una evaluación que examine posibles coincidencias entre las necesidades relacionadas con el VIH y las capacidades de las OBF a lo largo de todo el espectro probablemente aporte una comprensión más integral y equilibrada de cómo las OBF podrían contribuir de manera realista y más efectivamente a la respuesta al VIH/sida.

Funciones de las organizaciones basadas en la fe

El punto de partida para analizar las funciones que las OBF pueden cumplir en el abordaje de la epidemia es la variedad de actividades que ya han realizado, como se describe en el capítulo tres. Éstas son funciones que las OBF han estado dispuestas a asumir, que consideran coherentes con su misión y que tienen la capacidad de cumplir. Sin embargo, el análisis no debe acabar allí, a menos que estemos dispuestos a llegar desde un principio a la conclusión de que la capacidad y disposición de las OBF han llegado a su límite. A fin de llevar a cabo una evaluación realista de lo que las OBF pueden hacer además de lo que ya han hecho, y de si es posible una mayor participación de las OBF en la respuesta al VIH/sida, debemos intentar responder a una serie de preguntas:

- ¿De qué modo las funciones y las actividades de las OBF concuerdan con su misión y sus valores?

- ¿A qué segmentos de la población llegan las actividades de las OBF?
- ¿Qué efectividad han tenido estas actividades en el cumplimiento de sus metas?
- ¿Hasta qué punto estas actividades utilizan la capacidad de las OBF?
- ¿Cuáles son los principales facilitadores y obstáculos?
- ¿Cuál es la relación entre las OBF y las organizaciones gubernamentales, y de qué modo podrían trabajar en conjunto como socias, o en forma paralela, para cumplir funciones que se complementen pero que se apoyen mutuamente?

A continuación presentamos nuestro análisis, que se basa en las respuestas a estas preguntas sobre las posibles funciones de las OBF en cada una de las cuatro categorías principales de actividades tratadas en este informe: prevención, pruebas diagnósticas, servicios de atención y de apoyo, y reducción del estigma y promoción.

Prevención del VIH
Las actividades actuales de las OBF han tendido a centrarse en las poblaciones de menor riesgo, tales como niños y jóvenes. Las actividades de prevención del VIH consisten en dos categorías amplias que se superponen parcialmente: educación relacionada con el VIH y promoción de la reducción de los riesgos del comportamiento (por ej., abstinencia, fidelidad y uso del condón). Observamos que la mayoría de las actividades de prevención se concentraban en la educación, siendo los niños y los jóvenes la meta principal. Esto es algo previsible, dado que muchas (cuando no la mayoría) de las OBF de América Latina consideran que la educación moral es una actividad central relacionada con su misión.

Sin embargo, la intensa concentración en niños y jóvenes significa que, en términos relativos, no se presta atención a las poblaciones de alto riesgo sumamente estigmatizadas, especialmente los HSH y trabajadores sexuales. La educación dirigida a grupos cuyo comportamiento tiene más probabilidades de transmitir el VIH tendrá, si es efectiva, un mayor impacto en la epidemia del VIH que la educación dirigida a grupos de menor riesgo.

De hecho encontramos algunas OBF que orientan la educación de prevención a poblaciones de alto riesgo y estigmatizadas. Por ejemplo, una OBF de Guatemala orienta las actividades de prevención tanto a los HSH como a los trabajadores sexuales, y varias OBF de Honduras trabajan con las PVV y sus familias. Sin embargo, las campañas de este tipo son mucho menos comunes.

No es realista esperar que muchas OBF cambien su orientación hacia las poblaciones de alto riesgo, pero tales esfuerzos, cuando son viables, deben apoyarse. Puede haber distintas explicaciones para la razón por la cual las OBF tienden a orientar la mayoría de las actividades de prevención a los grupos de bajo riesgo. En primer lugar, los líderes de las OBF que no son profesionales o personal de la salud rara vez nos mencionaron a los HSH cuando hablaban de las poblaciones más expuestas. Su perspectiva de la epidemia del VIH difiere notablemente de la que tienen los líderes del sector de la salud. Para los líderes de las OBF, los HSH (y quizás otras poblaciones más expuestas) están en gran medida ocultos, pues el estigma les impide hacer notar su presencia. En segundo lugar, el mensaje preferido de prevención para muchas o la mayoría de las OBF recalca la abstinencia, y el grupo objetivo más natural para este mensaje son los niños y los jóvenes. En la medida en que las OBF consideren dirigir este mensaje de prevención a otras poblaciones que tienen comportamiento sexual de mayor riesgo pueden razonablemente llegar a la conclusión de que estas poblaciones serían más difíciles de convencer. En tercer lugar, es posible que algunas OBF no se sientan cómodas con las poblaciones estigmatizadas tales como los HSH, o que consideren que tales poblaciones son menos merecedoras de su atención. Por supuesto, esta incomodidad parece ser bidireccional, pues muchas personas gay u HSH no se sienten cómodos con las OBF. Independientemente de la razón por la cual las OBF dirigen sus programas de prevención del VIH principalmente a niños y jóvenes, el hecho de que lo hagan revela una preferencia que sugiere que quizás sea poco realista esperar que las OBF redirijan sus esfuerzos a otras poblaciones, tales como los HSH, que están más expuestas desde el punto de vista epidemiológico.

Sin embargo, los esfuerzos para prevenir la propagación del VIH/ sida en poblaciones de alto riesgo y estigmatizadas, tales como los trabajadores sexuales, tiene un gran potencial de beneficios. Por esa razón, estos programas merecen apoyo en forma de una minuciosa evaluación para analizar y mejorar la calidad, y en forma de fondos externos si éstos están disponibles.

Las OBF mostraron una amplia gama de actitudes y enfoques en la promoción de la reducción de los comportamientos de riesgo, y deben respetarse los diferentes "niveles de comodidad" cuando las organizaciones trabajan en conjunto para prevenir la propagación del VIH/sida. Entre las OBF, el enfoque más común, no es de extrañar, fue el uso de los mensajes de "abstinencia solamente" dirigidos a los jóvenes. En cuanto al uso del condón, aunque muchas OBF se opusieron firmemente, otras mantuvieron un notorio silencio en ese tema (no preguntes, no digas nada), y otras apoyaron el uso del condón en determinadas circunstancias específicas o le asignaron un tercer lugar en la estrategia de tres niveles "ABC" (abstinencia, fidelidad y condones). Incluso otras se sintieron cómodas promoviendo el uso del condón como un método importante de prevención para la población en general.

Las posturas de las OBF con respecto al uso del condón, aunque sumamente diversas, generalmente tienen profundas raíces teológicas. Nada se gana con discutir sobre las distintas posturas, pues no es probable que cambien. Ya se trate de organizaciones basadas en la fe o no basadas en la fe, es más constructivo aceptar que las distintas organizaciones tienen niveles completamente diferentes de comodidad en relación con los abordajes específicos para la reducción de los riesgos de comportamiento, y buscar una forma para que las organizaciones trabajen en conjunto respetando esas diferencias. Como lo señalaron Halperin et al. (2004), el énfasis puesto en los elementos individuales del enfoque ABC (abstinencia, fidelidad, condones) debe variar de acuerdo con la población objetivo y no es esencial que cada organización promueva los tres elementos.

Pruebas del VIH

Muchas OBF parecen estar bien preparadas para proporcionar las pruebas del VIH en asociación con personal de salud pública. Dicha participación podría ser muy beneficiosa, dado que el acceso a las pruebas diagnósticas no es uniforme en los tres países, especialmente en las áreas rurales. Es posible que algunas OBF acepten esa función. De hecho, observamos que algunas OBF, especialmente en Honduras, ya han ofrecido pruebas rápidas del VIH a la población en general y a poblaciones de alto riesgo.

Además de ampliar el acceso a este servicio para más personas, las OBF que brindan pruebas diagnósticas pueden enviar un mensaje constructivo de que el VIH tiene un tratamiento disponible y de que las personas deben conocer su estado serológico. Por lo tanto, la realización de pruebas diagnósticas a través de las OBF puede ayudar a que el VIH/sida se considere un tema de salud en lugar de un tema moral y, de ese modo, puede ayudar a reducir el estigma.

Servicios de atención y apoyo

El tipo de actividad más común realizada por las OBF en los tres países es la prestación de servicios de atención y apoyo a las PVV y sus familias. Estas actividades pueden adoptar diversas formas, tales como atención pastoral; hospicios, especialmente para niños y huérfanos; grupos de apoyo; atención médica (TARV, tratamiento de infecciones oportunistas) y tratamiento de la salud mental; remisiones; y atención domiciliaria. La función que muchas OBF cumplen cuando brindan servicios y apoyo a las PVV y sus familias generalmente concuerda con la función que las OBF ya tienen en otros aspectos de la vida de las personas. Hace mucho tiempo que varias denominaciones prestan servicios de atención de la salud a través de, por ejemplo, las congregaciones, y la incorporación de la atención del VIH es una ampliación natural de esa función.

Las OBF podrían participar más en la prestación de estos tipos de servicios, especialmente de algunos servicios que muy pocas veces se abordan. Estos incluyen la asistencia dirigida mediante la provisión de alimentos, vivienda, generación de ingresos o microfinanzas, y servicios de transporte para las PVV que viven lejos de las zonas urbanas donde pueden encontrar los servicios que necesitan. Facilitar el acceso a tales servicios podría ser una forma concreta de contribución de las OBF al abordaje de la epidemia.

Quienes deseen alentar o financiar a las OBF para que presten tales servicios pueden tener más éxito si se dirigen a ONG basadas en la fe o a líderes religiosos receptivos en lugar de dirigirse a congregaciones en sí, aunque las ONG basadas en la fe o los líderes religiosos receptivos podrían a su vez influir en las congregaciones. Nuestro estudio observó que los servicios de atención y apoyo para personas con VIH comúnmente son prestados por ONG basadas en la fe o líderes religiosos que actúan en forma individual más que como congregaciones. Una posible razón de la falta de participación de las congregaciones es que el estigma quizás sea un mayor obstáculo en las congregaciones que en las ONG basadas en la fe o con los líderes religiosos individuales, dado que los servicios deben prestarse en forma más pública y hay más partes interesadas que pueden presentar objeciones en las congregaciones. Además, las ONG basadas en la fe generalmente no están bajo estructuras de mando denominacional o eclesiástico como lo están las congregaciones y, en consecuencia, no tienen las mismas restricciones doctrinales. Finalmente, las ONG basadas en la fe suelen tener acceso a una mayor variedad de recursos (por ej., financiamiento externo, donantes internacionales) que las congregaciones individuales, lo cual es especialmente importante para servicios que necesitan muchos recursos, tales como los servicios de atención médica y de apoyo.

Reducción del estigma y actividades de promoción

En los tres países y en todos los tipos de comunidades de fe, el VIH es una enfermedad que crea gran estigma. En algunos casos, el miedo a ser estigmatizado hace que las personas seropositivas no revelen su estado serológico a sus familiares; y quienes lo revelan tienen una posibilidad real de que la familia los rechace. El estigma y la discriminación a menudo aíslan a las PVV y los separan de las personas que podrían apoyarlos. Además, el estigma genera un obstáculo crítico para la prestación de servicios eficaces de prevención, tratamiento y apoyo, pues socava el apoyo para programas dirigidos a grupos estigmatizados.

Aunque algunas OBF han sido cómplices en la estigmatización de las PVV, la reducción del estigma es un área en la cual las OBF podrían tener un impacto especialmente considerable. La asociación del VIH con la actividad heterosexual promiscua y entre hombres ha llevado a que algunas OBF (entre otras) mantengan posturas de condena contra las PVV y consideren que tales personas sufren un castigo divino debido a sus pecados. No es de extrañar que muchos líderes del sector de la salud consideren que las OBF han difundido tales puntos de vista, con lo cual han contribuido al estigma relacionado con el VIH. Sin embargo, algunos líderes de la comunidad de fe consideran que es una función natural de las OBF crear conciencia sobre el VIH, y reducir el estigma y la discriminación, tanto dentro de la comunidad de fe como en la población en general.

Ellos informaron sobre una gran variedad de actividades dirigidas a reducir el estigma, tales como hablar más abiertamente del VIH dentro de la iglesia, transmitir mensajes para reducir el estigma desde el púlpito, defender los derechos de las PVV y sus familias, promover los derechos laborales y de acceso al tratamiento, crear conciencia sobre el VIH y su propagación de manera tal que se promueva la idea de que es simplemente otra enfermedad, y capacitar a otros líderes religiosos. Estas actividades se basan en un fundamento bíblico que traza un paralelismo entre el estigma de la lepra en los tiempos de Jesús y el VIH en la actualidad, y recurre al ejemplo de Jesús cuando curaba a los leprosos, que puede ofrecer un modelo de cómo superar el estigma del VIH en nuestros días.

Aunque solamente algunas OBF de nuestro estudio informaron actividades específicas dirigidas a reducir el estigma asociado al VIH, la reducción del estigma parece esencial para alcanzar la plena capacidad que las congregaciones tienen para atender las necesidades de las PVV. Considerando la autoridad moral de las OBF, su amplio alcance y su capacidad de influir en las actitudes, la reducción del estigma es un área en la cual los líderes de las OBF podrían tener un efecto particularmente notable. Las OBF cuentan con el respeto y la confianza de sus comunidades, y tienen autoridad moral en la sociedad en general; en su carácter de instituciones fundadas en valores, tienen "jurisdicción" directa en temas de comportamiento personal, moralidad, vida familiar y creencias (Parker and Birdsall, 2005). El estigma en las congregaciones obstaculiza la posibilidad de que los pastores movilicen recursos de las congregaciones con mayor amplitud. Las investigaciones realizadas en África han hallado que los pastores son unas de las primeras personas a quienes las mujeres que viven con el VIH les revelan su estado serológico; sin embargo, los miembros de la iglesia fueron el grupo más frecuentemente mencionado por los participantes como el grupo al cual querían ocultar su estado serológico (Miller and Rubin, 2007).

Quizás sea posible que un pequeño grupo de OBF o de líderes religiosos individuales, con los recursos y apoyo apropiados, logren un cambio significativo a través del tiempo, en el ámbito local o internacional. Las investigaciones realizadas en Ghana indicaron que escuchar hablar a un líder sobre el VIH/sida tuvo un sustancial efecto en el apoyo que los congregantes dieron a las PVV (Bazant and Boulay, 2007). Estudios realizados en otros lugares (por ej., Jamaica, Trinidad, Tanzania, Uganda) observaron que las OBF pueden pasar de la promoción a la disuasión del estigma a través de capacitaciones que aumenten el conocimiento y la comprensión del VIH/sida que tienen los clérigos y los miembros de la congregación, el contacto personal entre líderes de la congregación y las PVV, y la participación directa de las PVV en los programas de prevención, atención y promoción realizadas por las OBF (Muturi, 2008; Genrich and Brathwaite, 2005; Hartwig, Kissioki, and Hartwig; 2006; Otolok-Tanga et al., 2007).

Las actividades para reducir el estigma son más frecuentemente realizadas por líderes de las OBF que usan estrategias basadas en la comunicación. Estas actividades podrían llevarse a cabo con mayor frecuencia, y quizás con mayor efectividad, si los líderes pudieran recibir información sobre las estrategias que otros han usado con aparente éxito (o fracaso, porque éste también puede ser instructivo). El desarrollo y la divulgación de material curricular sobre comunicación y otras estrategias (tales como facilitar el contacto con miembros de grupos estigmatizados) podrían ser útiles para que las fundaciones y otros responsables de otorgar financiamiento alienten y apoyen tales actividades tendientes a superar el estigma.

La promoción es otra área en la cual podría ampliarse el papel de las OBF. Algunas OBF han asumido una función de promoción de los derechos de las PVV, y propugnan un mayor acceso a la atención de la salud, a los ARV o a los derechos laborales. Estas actividades de promoción pueden ser bastante importantes para contrarrestar los efectos de la discriminación o la simple falta de atención y, de ese modo, son un tipo o mecanismo de reducción del estigma. La promoción también puede beneficiar a las PVV debido a que legitima sus derechos a un tratamiento justo. Algunas OBF también han realizado actividades para capacitar y sensibilizar a los líderes religiosos con respecto a las PVV. Estas actividades generan apoyo para las campañas de otras OBF que abordan las necesidades de las PVV de manera compasiva.

Necesidad de colaboración entre organizaciones basadas en la fe y otras organizaciones

Después de considerar la amplia gama de actividades realizadas por las OBF, queda claro que ninguna organización está preparada para hacer todo. Al abordar los desafíos de las actividades de las OBF en la respuesta a la epidemia del VIH es importante tener en cuenta que los líderes del sector de la salud, otras instituciones y los líderes de las OBF tienen distintos mandatos, y sus actividades necesariamente difieren. Algunos de estos mandatos se ejecutan en forma independiente, mientras que otros se ejecutan mejor cuando hay coordinación.

La colaboración efectiva entre el sistema de atención de la salud, otros organismos gubernamentales, ONG y OBF debe trascender los juicios morales arraigados en sus diferentes sistemas de valores. Culpar a las deficiencias del otro sector no produce ningún resultado. Para que las OBF desempeñen un papel constructivo en el abordaje del VIH en colaboración con el sistema de atención de la salud, deben reconocer, en primer lugar, la naturaleza y el alcance de la epidemia y, en segundo lugar, las fortalezas singulares y complementarias que cada sector puede aportar para dicho abordaje.

Ambos sectores (salud y fe) deben colaborar para producir un conjunto integral de actividades que atiendan las necesidades de

toda la población. Es especialmente necesario que haya una acción concertada que identifique las grietas del sistema en las que pueden caer las poblaciones más expuestas. Por lo tanto, además de las actividades que las OBF pueden realizar por su cuenta, hay muchas actividades de colaboración en las que participan (o en las que podrían participar), que constituyen una gama de posibilidades en términos del control que las OBF tienen de la actividad y su nivel de participación.

La Tabla 5.1 presenta ejemplos de esta gama a lo largo de todo nuestro marco de servicios de prevención, pruebas diagnósticas, servicios de atención y apoyo, y reducción del estigma y promoción. A continuación analizamos brevemente cada tipo de actividad de colaboración, comenzando por las que las OBF controlan más y continuando con las que controlan menos:

- *Complementar* **las actividades de otros a través del abordaje de las carencias que están fuera del alcance de la misión de otros o que los otros no pueden cubrir.** En esto, las OBF actúan como innovadoras y controlan el qué, el dónde, el cuándo y el cómo. La carga de recursos y la responsabilidad del éxito y del fracaso corren por cuenta de las OBF. Entre los ejemplos se incluyen crear proyectos de viviendas subvencionadas para PVV y hospicios, y facilitar actividades generadoras de ingresos en las cuales las PVV puedan participar una vez que la TARV haya estabilizado su estado de salud.

- *Reforzar* **las actividades que otros realizan.** En este caso, las OBF realizan actividades, pero en conjunto con otras organizaciones (por ejemplo, recalcando los mensajes de prevención, brindando orientación a las congregaciones sobre relaciones sexuales más seguras y alentando a las personas para que se realicen las pruebas diagnósticas). Este tipo de coordinación es esencial para las tareas que requieren llegar a una masa crítica (por ej., mensajes sociales/mercadeo social, pruebas diagnósticas masivas, reducción del estigma, etc.).

- *Facilitar* **las actividades de otras organizaciones.** En este caso, las OBF ayudan a otras organizaciones a cumplir con sus misiones, ya sea brindando acceso a sus congregaciones o proporcionando recursos limitados para facilitar las tareas de la otra

Tabla 5.1
Ejemplos de tipos de actividades relacionadas con el VIH/sida en todo el espectro de actividades de las OBF coordinadas y no coordinadas

Tipo de actividad relacionada con el VIH/sida	Tareas que las OBF realizan solas	Función de las OBF en las tareas realizadas con otras organizaciones			
		Complementar (atender carencias)	Reforzar	Facilitar	Apoyar
Prevención	Promover la abstinencia y fidelidad Enseñar el uso correcto y consistente del condón[a]		Orientar a los miembros de las congregaciones sobre relaciones sexuales más seguras Derivar a los miembros de la congregación al M. de S. para orientación en la prevención	Permitir que el M. de S. dé información sobre condones en eventos de las OBF	Agradecer a las OBC que trabajan con trabajadores sexuales y HSH Hacer donaciones a las OBC que trabajan en prevención
Pruebas diagnósticas	Realizar pruebas del VIH[a]	Realizar pruebas del VIH en áreas rurales	Alentar a los congregantes para que se hagan las pruebas diagnósticas	Pruebas del VIH basadas en congregaciones y realizadas por el M. de S.	Aportar voluntarios para los eventos de pruebas diagnósticas realizados por el M. de S.
Atención médica y tratamiento de la salud mental	Establecer clínicas[a]	Establecer clínicas en áreas rurales	Derivar personas a atención médica	Invitar al personal de salud pública para que hable en servicios de la iglesia sobre la importancia del tratamiento	Hacer donaciones a clínicas

Tabla 5.1 —Continuación

Tipo de actividad relacionada con el VIH/sida	Tareas que las OBF realizan solas	Función de las OBF en las tareas realizadas con otras organizaciones			
		Complementar (atender carencias)	Reforzar	Facilitar	Apoyar
Atención pastoral y apoyo social	Rezar por y con las PVV Orientar a las PVV Organizar grupos de apoyo para las PVV Organizar a los congregantes para que den apoyo a las PVV	Crear proyectos de viviendas subvencionadas para las PVV Crear hospicios Establecer actividades generadoras de ingresos Abordar la inseguridad de alimentos de las PVV	Derivar a las PVV a grupos de apoyo organizados por otros Derivar a las PVV a proyectos de viviendas subvencionadas, hospicios, proyectos de generación de ingresos, de nutrición	Dar espacio en la iglesia a grupos de apoyo de PVV patrocinados por terceros	Hacer donaciones a hospicios de sida Actuar como capellanes en hospitales y clínicas de sida
Reducción del estigma	Crear conciencia sobre el VIH entre líderes religiosos, congregantes y comunidades	Crear conciencia sobre el VIH en poblaciones y áreas rurales/con atención deficiente	Alentar a los miembros para que participen en actividades comunitarias para reducir el estigma	Dar espacio en la iglesia para talleres del M. de S. sobre la reducción del estigma	Reconocer las actividades para reducir el estigma de OBC locales
Promoción	Organizar campañas de promoción relacionadas con prevención, tratamiento y servicios de apoyo		Alentar a los miembros para que participen en campañas de promoción	Invitar a representantes de promociones organizadas por terceros para que hablen en servicios de la iglesia	Contribuir a las campañas de escribir cartas de otras organizaciones

NOTA: M. de S. = Ministerio de Salud.
[a] Requiere capacitación especial, equipos y/o financiación.

organización. En general, es necesario que las OBF involucradas acepten que la misión que facilitan es similar a la que tienen ellas, pero no controlan los detalles ni dedican mucho esfuerzo ni recursos. Por ejemplo, podrían dar una oportunidad a líderes del sector de la salud para promover el uso de condones junto con actividades cuya organización sea responsabilidad directa de las OBF. Aunque muchas OBF se sienten mucho más cómodas cuando abordan los componentes de "abstinencia" y "fidelidad" del enfoque "ABC", pueden permitir que los líderes del sector de la salud aborden el componente "C" (uso del condón). Las OBF ni lo abordan directamente ni condenan su uso, y en cambio brindan un espacio donde los dos tipos de instituciones realizan las actividades codo a codo. Otro ejemplo es abrir las iglesias para que otros realicen las pruebas diagnósticas, o derivar a las personas a otros programas de salud y apoyo social.

- *Apoyar* **las actividades que otros realizan.** En este caso, las OBF reconocen que hay muchos tipos de programas de intervención que trascienden sus misiones o medios. Generalmente, este apoyo requiere pocos recursos y puede brindarse simplemente reconociendo los esfuerzos de otros y alentando a las personas para que apoyen el programa de la otra organización. Por ejemplo, un pastor o sacerdote podría reconocer que diversas organizaciones basadas en la comunidad (OBC) están trabajando con trabajadores sexuales en la comunidad y agradecerles públicamente sus esfuerzos. En otro ejemplo, una congregación podría reunir donaciones (alimentos, ropa, etc.) para un hospicio local de sida.

Además de lo mencionado, las OBF también podrían permitir que otros observen, supervisen y evalúen sus programas usando criterios objetivos y análisis rigurosos en beneficio de la mejora de la calidad y de la rendición de cuentas. La asociación con el Ministerio de Salud o con un organismo similar probablemente requiera dicha evaluación, a fin de justificar la solicitud de los escasos recursos provenientes de fuentes de financiamiento tanto locales como internacionales. Asimismo, puede ser muy beneficioso generar capacidad en las OBF para evaluar sus propios programas, mediante el desarrollo de sistemas simples para supervisar el avance y la identificación de las áreas que están funcionando bien y las áreas que necesitan introducir cambios. Como lo señalan Woldehanna et al. (2005), los programas y las estrategias de las OBF para el VIH se basan en "una diversa mezcla de filosofía religiosa y empirismo", es decir, la ciencia en general no se deja de lado, pero el mensaje a menudo se adecúa para que sea coherente con las creencias morales. Además, muchas OBF actúan sobre la base de la motivación y la confianza: las respuestas se basan en tener "buen corazón" para ayudar, más que en centrarse en la efectividad o eficiencia de la organización o del programa (Foster, 2004). Algunos responsables de otorgar financiamiento han reconocido esto y han iniciado campañas dirigidas a desarrollar la capacidad de las OBF de supervisar y evaluar sus propios programas (CORE Initiative, 2006). Este tipo de sistema de evaluación es esencial si las OBF desean mejorar la calidad de sus propios programas.

Consecuencias

Nuestras entrevistas con líderes de las OBF, funcionarios de salud pública y líderes de ONG en los tres países revelaron notables diferencias de perspectivas sobre la epidemia del VIH y los desafíos que ésta presenta a las respectivas misiones y mandatos. Dadas estas diferencias en términos de misión, valores subyacentes y posturas respecto de temas específicos, tales como la homosexualidad y la ética del uso del condón, sería fácil llegar a una conclusión más bien cautelosa sobre la posible función que las OBF pueden cumplir en el abordaje de los desafíos presentados por la epidemia del VIH, visto desde la perspectiva de la salud pública. Sin embargo, hacerlo sería un error, según nuestra opinión. En primer lugar, considerando la amplia gama de desafíos presentados por la epidemia y las áreas en las cuales las OBF están realizando contribuciones significativas para atender necesidades importantes, sería corto de miras centrarse en las áreas específicas en las cuales las OBF tienen una perspectiva diferente en cuanto a qué debería hacerse o a qué están dispuestas a hacer. En segundo lugar, atender las necesidades físicas y materiales de las personas, incluidas sus necesidades de salud, está en total acuerdo con la misión de muchas o de la mayoría de las OBF, con lo cual se produce una sustancial sobreposición con la misión de los organismos públicos y de muchas ONG, y establece la base para una causa común. Por estas razones, las diversas perspectivas de las organizaciones basadas y no basadas en la fe no necesitan ser un obstáculo para la colaboración, como suele suponerse.

Sin embargo, las diferentes perspectivas de las organizaciones basadas y no basadas en la fe pueden ofrecer oportunidades de aprendizaje. Por ejemplo, muchos líderes de las OBF parecen no apreciar plenamente hasta qué punto la epidemia ha estado concentrada en poblaciones de alto riesgo, tales como los HSH. En ausencia de información clara y precisa sobre las necesidades de servicio generadas por la epidemia, probablemente sea difícil para las OBF asignar sus recursos de maneras que tengan un impacto considerable en la epidemia. Una más amplia comprensión de la epidemiología del VIH podría hacerlas cambiar de idea respecto de a dónde dirigir sus propios esfuerzos de prevención, superando la tendencia natural de evitar tratar con poblaciones estigmatizadas que a menudo están expuestas a mayor riesgo. Una solución obvia para este problema es crear vínculos informativos entre los líderes de las OBF y quienes están más familiarizados con la epidemia. Probablemente esto comenzaría con el personal del Ministerio de Salud, pero también podría incluir ONG y grupos de promoción de derechos.

Indudablemente, los líderes de salud pública podrían aprender de las OBF y aplicar esas lecciones a su propia función de salud pública. Por ejemplo, aunque algunas OBF se resisten a todo esfuerzo por incorporar la educación del uso correcto y sistemático del condón como una estrategia apropiada de prevención del VIH, hay muchas OBF para las cuales los condones son apropiados en determinadas circunstancias, pero prefieren considerar el tema dentro de un conjunto más amplio de problemas de orientación pastoral de lo que considerarían los líderes de salud pública. Por ejemplo, si una mujer quiere que su marido use condones porque teme que él le sea infiel, un líder de una OBF orientaría a la mujer (y posiblemente a su marido) en temas de relación más generales, en lugar de simplemente alentar a la pareja a usar condones. Los líderes de las OBF podrían estar dispuestos a compartir lo que aprendieron entre sus seguidores sobre estos temas más generales con líderes de salud pública, y este diálogo podría mejorar las campañas de salud pública.

Una consecuencia importante de nuestro análisis es que podría ser valioso que los líderes del sector de la salud pública idearan maneras creativas que permitan usar efectivamente las fortalezas y capacidades de las OBF en el abordaje de las necesidades críticas propias de la epidemia del VIH. Las OBF ofrecen un camino hacia el corazón y la mente de una gran proporción de la población y, por lo tanto, tienen un valor de gran potencial como instrumentos para la diseminación de la información sobre el VIH/sida. Aunque puede haber algunas áreas problemáticas para transmitir mensajes integrales de prevención, otros temas (tales como la información concreta sobre la transmisión del VIH y la importancia de las pruebas del VIH) probablemente puedan ser difundidos por las OBF de formas que sean totalmente coherentes con los objetivos de la salud pública.

Nuestro análisis identificó diferentes formas como las OBF y los organismos públicos pueden trabajar en conjunto para atender las necesidades esenciales planteadas por el VIH. Éstas varían en cuanto a cuán estrecha es la colaboración y en cuanto al grado de control que las OBF u otras organizaciones ejercen. Aunque observamos algunos ejemplos de colaboración entre las OBF y los organismos de salud pública u otras organizaciones, existe un considerable potencial para una colaboración más intensa y variada que beneficie las misiones de todas las partes.

Una pregunta importante es hasta qué punto las consecuencias de nuestro análisis pueden generalizarse a otros países que no sean los que estudiamos. Consideramos que esto es posible en muchos aspectos importantes. Las misiones de las OBF y la gama de actividades en las que han participado son generalmente similares en los tres países, y las posibles áreas de participación comprendidas en su zona de comodidad también son similares. Son parecidas también las diferencias de perspectivas entre las OBF, los organismos públicos y otras organizaciones. También parece que en otros países centroamericanos hay una diferenciación parecida en cuanto a las funciones y las actividades, limitando la colaboración constructiva entre las OBF y otras organizaciones. Por lo tanto, una de nuestras principales conclusiones probablemente sea sólida en todos los entornos de América Latina: las OBF, los organismos públicos y otras organizaciones pueden trabajar juntos de modo más efectivo si aceptan y respetan las diferencias en sus perspectivas y valores, si aceptan que no toda organización necesita hacer todo y si reconocen que hay muchas necesidades que pueden satisfacerse de diferentes maneras. Los factores específicos de cada país tienen más probabilidad de surgir en los detalles de qué grupos de la población están más afectados y cuáles son las áreas de mayores necesidades insatisfechas. Sin embargo, parece probable que las acciones que ayuden a estas poblaciones afectadas y que atiendan estas necesidades insatisfechas se beneficiarán de la colaboración entre las OBF, los organismos públicos y otras organizaciones. No obstante, no es claro en qué diferirían las respuestas de las OBF al VIH/sida en regiones con epidemias más generalizadas (por ej., África), donde segmentos importantes de miembros regulares de las congregaciones están infectados, ni cómo esto puede cambiar la demanda de los servicios de las OBF, así como también las actitudes y la retórica de las OBF.

Las organizaciones donantes pueden cumplir una función potencialmente esencial a través de la promoción de este tipo de colaboración y del suministro de fondos para evaluarlas y sostenerlas. Incluso cuando las misiones se superponen, para las organizaciones puede ser difícil adoptar la perspectiva más amplia de todos los organismos que a menudo se necesita para asegurar el éxito continuado de una campaña conjunta. Los donantes pueden aportar los recursos para posibilitar que haya alguien con esta perspectiva más amplia dedicado a la tarea.

Abordaje y métodos de estudio

Actividades de recopilación de datos

La recopilación de datos se realizó fundamentalmente entre noviembre de 2006 y noviembre de 2007, y consistió en tres actividades principales:

1. Búsquedas en literatura publicada, en literatura gris[1] y en sitios web de organizaciones para obtener información sobre el VIH en América Central y sobre la participación de las OBF
2. Entrevistas telefónicas con informantes clave o expertos de la comunidad que estuvieran familiarizados con la región para recopilar información inicial sobre sus actividades relacionadas con el VIH, y/o para identificar participantes clave interesados en el tema y actividades o proyectos de las OBF que debiéramos intentar visitar y/o entrevistar durante nuestras visitas de campo
3. Visitas de nueve días a cada país (Honduras en marzo de 2007, Guatemala en mayo de 2007 y Belice en julio de 2007) para entrevistar a partes interesadas y realizar visitas de campo a proyectos y actividades relacionados con el VIH/sida patrocinados por las OBF.

---

[1] Esto hace referencia a materiales que no se encuentran fácilmente a través de canales convencionales, tales como editoriales, e incluye informes de organizaciones, informes técnicos de organismos gubernamentales o grupos de investigación científica, documentos de trabajo, libros blancos, etc.

Participantes

A través de la literatura publicada, sitios web de organizaciones e informantes clave, identificamos a las principales partes interesadas que participan en actividades relacionadas con el VIH en Belice, Guatemala y Honduras. Estas partes interesadas incluyeron personas afiliadas a organismos gubernamentales, organismos de asistencia bilateral, OBF, otras ONG (internacionales y locales) y organizaciones que representan a las PVV. Durante las visitas de campo, entrevistamos a una muestra intencional de miembros de organizaciones que representaban la variedad de organizaciones que participan en actividades relacionadas con el VIH. Asimismo, dentro del grupo de OBF, procuramos incluir a personas que representaran una variedad de grupos denominacionales (católicos, evangélicos y protestantes tradicionales).

Además de la muestra intencional, usamos un muestreo del tipo de "bola de nieve", en el cual se solicitó a las personas entrevistadas que identificaran a otras personas o a organizaciones de cualquiera de las categorías de partes interesadas antes mencionadas. Debido a que nuestro objetivo era entender de qué modo las OBF habían participado en actividades relacionadas con el VIH/sida, y cuáles eran algunos de los éxitos y desafíos de tal participación, nos centramos en OBF que de hecho hubieran participado de alguna manera en actividades relacionadas con el VIH/sida. Entrevistar a OBF que *no* hubieran participado podría haber proporcionado información para entender algunos de los desafíos, pero debido a los recursos limitados, decidimos no incluir a este grupo. Por otro lado, aunque también intentamos incluir a representantes de otros grupos de partes interesadas (por ej., representantes de los gobiernos, de asistencia bilateral, de ONG) que también tenían alguna experiencia con OBF involucradas en el VIH/sida o que conocían a tales OBF, esta experiencia o conocimiento no era necesariamente esencial, pues sus perspectivas de la participación de las OBF (conocimiento de actividades, desafíos de la participación, etc.) aportaban la misma información.

Métodos de entrevista

Se desarrollaron dos protocolos separados pero superpuestos para entrevistar a (1) líderes de organizaciones basadas en la fe (protocolo para líderes de las OBF) y a (2) líderes que representaban a otros tipos de organizaciones (protocolo para líderes del área de la salud). El protocolo para líderes de las OBF se centró en la OBF en particular y:

- su participación en actividades relacionadas con el VIH/sida (poblaciones asistidas, tipos de actividades, colaboración con otras organizaciones, desafíos encontrados, éxitos importantes de la labor);
- sus políticas denominacionales/organizacionales respecto del VIH/sida;
- las actitudes hacia el VIH/sida (entrevistado, organización y comunidad en general).

El protocolo para líderes del área de la salud se centró en:

- las perspectivas de los líderes sobre el VIH/sida en sus respectivos países (prevalencia, grupos afectados, principales vías de transmisión, principales protagonistas involucrados, carga económica, políticas de tratamiento y prevención);
- su experiencia con asociaciones para la prevención y atención del VIH, y con qué entidades (entre ellas, OBF);
- su percepción de las OBF y de la atención y prevención del VIH/sida (conocimiento de la participación de las OBF, su efectividad, acciones de los gobiernos y ONG para asociarse a OBF en la prevención y atención del VIH, obstáculos en la colaboración con OBF);
- el VIH/sida en el contexto de otras prioridades de salud.

Ambos protocolos fueron aprobados por el Comité de Protección de Sujetos Humanos (*Human Subjects Protection Committee*) de RAND. Cada protocolo fue traducido al español por personal bilingüe de RAND y revisado por miembros bilingües del equipo Búsqueda de un Alcance Mayor en la Respuesta al VIH en América Latina (*HIV Outreach in Latin America*, HOLA) (las discrepancias se resolvieron por consenso). La mayoría de las entrevistas en Guatemala y Honduras se realizaron en español; todas las entrevistas en Belice se realizaron en inglés. Todo el personal de RAND que participó en las entrevistas y que se comunicó con informantes clave hablaba español con fluidez.

Las entrevistas generalmente duraron entre una y dos horas, y se grabaron en audio. La mayoría de las entrevistas se llevó a cabo en oficinas, o en un lugar de reunión que el entrevistado eligió; algunas tuvieron lugar mientras se viajaba en automóvil. En la mayoría de las entrevistas hubo dos miembros del equipo de RAND: uno que realizaba las preguntas y otro que tomaba notas. Para complementar las anotaciones, se escucharon las grabaciones de audio en un plazo aproximado de un día después de haber hecho la entrevista, y otro miembro del equipo revisó y completó las notas del borrador antes de finalizar el proceso. Además de las notas tomadas durante las entrevistas, los miembros del equipo de RAND analizaron en equipo las entrevistas inmediatamente después de realizadas, a fin de revisar lo que en ellas se dijo, comparar reacciones, compartir percepciones y realizar anotaciones adicionales. Estas notas aportaron un registro adicional de las entrevistas y de las visitas de campo, y ayudaron a completar el proceso de la toma de notas. Posteriormente, después de los análisis de las notas y de la identificación de temas (descrita a continuación), escuchamos nuevamente partes de las grabaciones para extraer las citas textuales que mejor ejemplificaban estos temas. Finalmente, muchos entrevistados nos entregaron información por escrito sobre su organización y/o programas (volantes, folletos, materiales educativos sobre el VIH usados en programas, informes de supervisión y otros informes internos, descripciones de programas, etc.). Usamos este material complementario para pulir aún más nuestras notas sobre la labor de las organizaciones.

Visitas de campo

Además de las entrevistas, obtuvimos información directa sobre las actividades relacionadas con el VIH/sida realizadas en los distintos países, para lo cual visitamos clínicas, hospitales, hospicios, orfanatos, grupos de apoyo para personas que viven con VIH, un desfile del día para la concientización sobre el VIH/sida y una prisión. Debido a que no era apropiado tomar notas en estas visitas, grabamos en audio los comentarios y análisis del equipo (que incluían a quienes participaron en la visita de campo) inmediatamente después de la visita (generalmente mientras se viajaba en automóvil a la siguiente visita de campo o entrevista), a fin de documentar las conversaciones y las observaciones realizadas durante la misma, además de cualquier otra percepción o conocimiento obtenido. Las notas luego se estructuraron a partir de las grabaciones de audio.

Análisis

Para analizar los datos cualitativos, usamos enfoques teóricos fundamentados de codificación de dicho tipo de datos (Strauss and Corbin, 1998; Miles and Huberman, 1994), los cuales identifican temas claves en forma inductiva, en combinación con procedimientos de codificación de contenido (Krippendorff, 1980; Weber, 1990; Altheide, 1996). Dos miembros del equipo con experiencia en análisis de datos cualitativos leyeron las notas de las entrevistas y crearon una lista de temas para codificar. Los temas incluyeron tanto asuntos que integraban el protocolo para las entrevistas como temas adicionales que surgieron a partir de la lectura minuciosa de las notas de las entrevistas y a partir de la identificación de patrones lograda en las discusiones. Una vez que se acordó una lista final de temas, los analistas del equipo leyeron nuevamente las notas y organizaron el texto con una matriz de presentación de datos (Ryan and Bernard, 2000, 2003), para lo cual copiaron y pegaron el texto en celdas en una hoja de cálculo de Excel. La hoja de cálculo se diagramó de modo que las filas representaran entrevistas individuales y las columnas representaran temas, a fin de facilitar la comparación entre temas y partes interesadas. En virtud de que los protocolos para líderes del área de la salud y para líderes de las OBF diferían en ciertos aspectos, se crearon dos hojas de cálculo diferentes para cada país, una para los líderes del área de la salud y otra para las OBF.

Una vez que se codificaron con este proceso todas las entrevistas, ambos miembros del equipo se reunieron y leyeron el texto de cada columna en cada hoja de cálculo. El objetivo era resumir los temas surgidos en los distintos casos para cada tipo de entrevista. Los dos analistas del equipo, por separado, redactaron las listas de temas que surgieron al leer el texto de cada columna, compararon las listas y llegaron a un consenso sobre el modo de obtener una lista para cada tema. Después de analizar cada tema, las listas se organizaron temáticamente. Los temas surgidos de las entrevistas a líderes del área de la salud se compararon y contrastaron con los temas surgidos de las entrevistas a líderes de las OBF. Cuando se finalizó el análisis de todos los temas, identificamos los temas más prominentes que ilustraríamos con citas. El objetivo de la selección de citas fue identificar comentarios que representaran, o bien las ideas expresadas más frecuentemente, o bien citas menos comunes que ilustraban la variedad de opiniones sobre temas en particular. Seleccionamos las citas que mejor representaban estas dimensiones para incluirlas en la descripción de los resultados.

Referencias

Abreu, Anabela Garcia, Isabel Noguer, and Karen Cowgill, *HIV/AIDS in Latin American Countries: The Challenges Ahead*, Washington, D.C.: World Bank, 2003.

Agadjanian, V., and S. Sen, "Promises and Challenges of Faith-Based AIDS Care and Support in Mozambique," *American Journal of Public Health*, Vol. 97, No. 2, February 2007, pp. 362–366.

Altheide, D.L., *Qualitative Media Analysis*, Thousand Oaks, CA: Sage Publications, 1996.

Arandi, Cesar Galindo, *Informe Nacional Sobre Los Progresos Realizados En El Seguimiento a La Declaración de Compromiso Sobre El VIH y SIDA—UNGASS Guatemala*, Ciudad de Guatemala: Ministerio de Salud Pública y Asistencia Social, 2008. As of December 29, 2009:
http://data.unaids.org/pub/Report/2008/
guatemala_2008_country_progress_report_sp_es.pdf

Barra, Paul A., "Condoms, CRS and Dolan." *National Catholic Register*, April 6, 2009. As of December 29, 2009:
http://www.ncregister.com//daily/print/17798/

Bazant, E. S., and M. Boulay, "Factors Associated with Religious Congregation Members' Support to People Living with HIV/AIDS in Kumasi, Ghana," *AIDS and Behavior*, Vol. 11, No. 6, November 2007, pp. 936–945.

Bureau of Democracy, Human Rights, and Labor, *International Religious Freedom Report*, Washington, D.C.: U.S. Department of State, 2007. As of December 29, 2009:
http://www.state.gov/g/drl/rls/irf/2007/90242.htm

CDC, "CDC Global HIV/AIDS Activities—Honduras," October 23, 2008. As of December 29, 2009:
http://www.cdc.gov/globalaids/countries/Honduras/

Central Statistical Office, "Population Census 2000: Belize Census," Belmopan: Government of Belize, 2000.

CEPAL, *Statistical Yearbook for Latin America and the Caribbean*, New York: United Nations, 2008. As of December 29, 2009: http://websie.eclac.cl/anuario_estadistico/anuario_2008/docs/ ANUARIO2008.pdf

CID Gallup, *Public Opinion Poll*, San José, Costa Rica: Consultoría Interdisciplinaria en Desarrollo S.A. Gallup, 2007. As of December 29, 2009: http://www.cidgallup.com/Ingles/index.aspx

Clark, Amy S., "Will Pope Green Light Condom Use? Vatican Mulls Limited Exception to Condom Ban to Help Fight against AIDS," *CBS News*, May 3, 2006. As of December 29, 2009: http://www.cbsnews.com/stories/2006/05/03/world/main1575709.shtml

Cohen, J., "HIV/AIDS: Latin America & Caribbean. Honduras: Why So High? A Knotty Story," *Science,* Vol. 313, No. 5786, July 28, 2006a, pp. 481–483.

———, "HIV/AIDS: Latin America & Caribbean. The Overlooked Epidemic," *Science,* Vol. 313, No. 5786, July 28, 2006b, pp. 468–469.

CORE Initiative, *Participatory Monitoring and Evaluation of Community- and Faith-Based Programs: A Step-by-Step Guide for People Who Want to Make HIV and AIDS Services and Activities More Effective in Their Community*, Washington, D.C., September 2006.

The Cornerstone Foundation, homepage, no date. As of December 30, 2009: http://www.cornerstonefoundationbelize.org/

Foster, Geoff, *Study of the Response by Faith-Based Organizations to Orphans and Vulnerable Children*, New York: World Conference of Religions for Peace/ UNICEF, January 2004.

Genrich, G. L., and B. A. Brathwaite, "Response of Religious Groups to HIV/ AIDS as a Sexually Transmitted Infection in Trinidad," *BMC Public Health,* Vol. 5, 2005, p. 121.

Ghys, P. D., N. Walker, W. McFarland, R. Miller, and G. P. Garnett, "Improved Data, Methods and Tools for the 2007 HIV and AIDS Estimates and Projections," *Sexually Transmitted Infections,* Vol. 84 Supplement I, 2008, pp. i1–i4.

González, Mary Lisbeth, *Más Allá de Los Promedios: Afrodescendientes En América Latina—Los Afrohondureños*, Washington, D.C.: World Bank, February, 2006.

Gough, Ethan, "HIV Seroprevalence in Inmates at the Kolbe Foundation Belize Central Prison," Belmopan: Ministry of Health, Belize, 2005.

Halperin, Daniel T., Markus J. Steiner, Michael M. Cassell, Edward C. Green, Norman Hearst, Douglas Kirby, Helene D. Gayle, and Willard Cates, "The Time Has Come for Common Ground on Preventing Sexual Transmission of HIV," *The Lancet,* Vol. 364, 2004.

Hand in Hand Ministries, "Belize Programs," Web page, no date. As of December 30, 2009:
http://www.hhministries.com/Belize-Programs.html

Hartwig, Kari A., Seelah Kissioki, and Charlotte D. Hartwig, "Church Leaders Confront HIV/AIDS and Stigma: A Case Study from Tanzania," *Journal of Community & Applied Social Psychology,* Vol. 16, No. 6, 2006, pp. 492–497.

Henry J. Kaiser Family Foundation, *The Multisectoral Impact of the HIV/AIDS Epidemic—A Primer,* Menlo Park, CA, July, 2007.

Izazola-Licea, J. A., C. Avila-Figueroa, D. Aran, S. Piola, R. Perdomo, P. Hernandez, J. A. Saavedra-Lopez, and R. Valladares-Cardona, "Country Response to HIV/AIDS: National Health Accounts on HIV/AIDS in Brazil, Guatemala, Honduras, Mexico and Uruguay," *AIDS,* Vol. 16, Supplement 3, December 2002, pp. S66–S75.

Krippendorff, K., *Content Analysis: An Introduction to Its Methodology,* Beverly Hills, CA: Sage Publications, 1980.

Main, D. M., P. Torres, C. A. Portillo, R. Hernandez, H. Cosenza, L. Allen, and E. K. Main "Siempre Unidos: Partnering Faith-Based (FBO), Secular and Government Organizations to Rapidly Scale-up AIDS Treatment in Honduras," in *International Conference on AIDS,* Bangkok, Thailand, July 11–16, 2004.

Manzanares, Myrna, *Faith-Based Manual for the Response to HIV and AIDS: Empowerment and Support for Families,* Belize City: Cubola Productions, 2006.

Miles, M. B., and A. M. Huberman, *Qualitative Data Analysis: An Expanded Sourcebook* 2nd ed., Thousand Oaks, CA: Sage Publications, 1994.

Miller, Ann Neville, and Donald L. Rubin, "Factors Leading to Self-Disclosure of a Positive HIV Diagnosis in Nairobi, Kenya: People Living with HIV/AIDS in the Sub-Sahara," *Qualitative Health Research,* Vol. 17, No. 5, May 2007, pp. 586–598.

Muturi, Nancy, "Faith-Based Initiatives in Response to HIV/AIDS in Jamaica," *International Journal of Communication,* Vol. 2, 2008, pp. 108–131.

National AIDS Commission of Belize, *The National Strategic Plan: A Multi-Sectoral Approach to Addressing HIV & AIDS in Belize (2006–2011),* Belize City, 2007.

National AIDS Commission of Belize and UNAIDS, *UNGASS Country Progress Report: Belize:* UNAIDS, January 31, 2008. As of December 29, 2009:
http://data.unaids.org/pub/Report/2008/
belize_2008_country_progress_report_en.pdf

Nussbaum, Stan, *The Contribution of Christian Congregations to the Battle with HIV/AIDS at the Community Level,* Colorado Springs: Global Mapping International, June 2005.

Otolok-Tanga, E., L. Atuyambe, C. K. Murphy, K. E. Ringheim, and S. Woldehanna, "Examining the Actions of Faith-Based Organizations and Their Influence on HIV/AIDS-Related Stigma: A Case Study of Uganda," *African Health Sciences,* Vol. 7, No. 1, March, 2007, pp. 55–60.

PAHO, "Belize," in *Health in the Americas, 2007: Volume II—Countries.* Washington, D.C., 2007a, pp. 88–101.

———, "Guatemala," in *Health in the Americas, 2007: Volume II—Countries.* Washington, D.C., 2007b, pp. 374–393.

———, "Health Conditions and Trends," in *Health in the Americas, 2007: Volume I—Regional.* Washington, D.C., 2007c, pp. 58–207.

———, "Honduras," in *Health in the Americas, 2007: Volume II—Countries.* Washington, D.C., 2007d, pp. 431–446.

Parker, Warren, and Karen Birdsall, *HIV/AIDS, Stigma, and Faith-Based Organizations: A Review,* Bath, England: DFID/Futures Group MSP, 2005. As of December 29, 2009:
http://www.cadre.org.za/files/CADRE-Stigma-FBO.pdf

Programa Nacional de Prevención y Control de ITS, VIH, y SIDA, *Medición Del Gasto En SIDA (MEGAS) 2004–2005,* Ciudad de Guatemala: Ministerio de Salud Pública, 2005.

Proyecto Vida, homepage, 2009. As of December 29, 2009:
http://www.proyectovida.org/

Ryan, G., and H. Bernard. "Data Management and Analysis Methods," in N. K. Denzin and Y. S. Lincoln, eds., *Handbook of Qualitative Research,* Thousand Oaks, CA: Sage Publications, 2000, pp. 769–802.

———, "Techniques to Identify Themes," *Field Methods,* Vol. 15, No. 1, 2003, pp. 85–109.

Samayoa, B., E. Arathoon, M. Anderson, J. Rodriguez, E. Quattrini, C. Gordillo, and L. Cotton, "The Emergence of AIDS in Guatemala: Inpatient Experience at the Hospital General San Juan de Dios," *International Journal of STD and AIDS,* Vol. 14, No. 12, December, 2003, pp. 810–813.

Schwartländer, Bernhard, Roel Coutinho, and Luiz Loures, "The HIV/AIDS Epidemic in the Latin America and Caribbean Region," *AIDS,* Vol. 16, Suppl 3, 2002, pp. 1–2.

Snell, Janet, "The Looming Threat of AIDS and HIV in Latin America," *The Lancet,* Vol. 354, October 2, 1999, p. 1187.

Soto, R. J., A. E. Ghee, C. A. Nunez, R. Mayorga, K. A. Tapia, S. G. Astete, J. P. Hughes, A. L. Buffardi, S. E. Holte, and K. K. Holmes, "Sentinel Surveillance of Sexually Transmitted Infections/HIV and Risk Behaviors in Vulnerable

Populations in 5 Central American Countries," *Journal of Acquired Immune Deficiency Syndrome,* Vol. 46, No. 1, September 1, 2007, pp. 101–111.

Stansbury, J. P., and M. Sierra, "Risks, Stigma and Honduran Garífuna Conceptions of HIV/AIDS," *Social Science and Medicine,* Vol. 59, No. 3, August 2004, pp. 457–471. Strauss, A., and J. Corbin, *Basics of Qualitative Research,* Thousand Oaks, CA: Sage Publications, 1998.

Tiendrebeogo, G., and M. Buykx, *Faith-Based Organizations and HIV/AIDS Prevention and Impact Mitigation in Africa,* Amsterdam: Royal Tropical Institute, 2004.

UNAIDS, "Country Responses: Belize," 2007a. As of December 29, 2009: http://www.unaids.org/en/CountryResponses/Countries/belize.asp

———, "Country Responses: Guatemala," 2007b. As of December 29, 2009: http://www.unaids.org/en/CountryResponses/Countries/guatemala.asp

———, "Country Responses: Honduras," 2007c. As of December 29, 2009: http://www.unaids.org/en/CountryResponses/Countries/honduras.asp

———, *Report on the Global AIDS Epidemic,* Geneva, 2008a. As of December 29, 2009: http://www.unaids.org/en/KnowledgeCentre/HIVData/GlobalReport/2008/default.asp

———, *Republica de Honduras C.A.: Informe Nacional Sobre Los Progresos Realizados En La Aplicación Del UNGASS,* Geneva, January 2008b. As of December 29, 2009: http://data.unaids.org/pub/Report/2008/honduras_2008_country_progressreport_sp_es.pdf

UNAIDS and WHO, *AIDS Epidemic Update,* Geneva: UNAIDS, 2007.

UNGASS, *Honduras: Follow-Up Report to the Commitment on HIV/AIDS,* Tengucigalpa, 2005.

United Nations, *Demographic Yearbook 2005,* 2007. As of December 29, 2009: http://unstats.un.org/unsd/Demographic/Products/dyb/dyb2005.htm

———, Millennium Development Goals website, 2008. As of December 30, 2009: http://www.un.org/millenniumgoals/

USAID, *HIV/AIDS Health Profile: Honduras,* Tegucigalpa, March 2005. As of December 29, 2009: http://www.usaid.gov/our_work/global_health/aids/Countries/lac/honduras_05.pdf

USAID, Bureau for Global Health, *Country Profile: Central America,* Washington, D.C.: USAID, December 2004.

Weber, R. P., *Basic Content Analysis*, 2nd ed., Newbury Park, CA: Sage Publications, 1990.

Wheeler, D. A., E. G. Arathoon, M. Pitts, R. A. Cedillos, T. E. Bu, G. D. Porras, G. Herrera, and N. R. Sosa, "Availability of HIV Care in Central America," *Journal of the American Medical Association*, Vol. 286, No. 7, August 15, 2001, pp. 853–860.

WHO, *WHO Belize Profile for HIV/AIDS Treatment & Scale-Up*, Washington, D.C., December 2005a. As of December 29, 2009: http://www.who.int/hiv/HIVCP_BLZ.pdf

———, *WHO Guatemala Profile for HIV/AIDS Treatment & Scale-Up*, Washington, D.C., December 2005b. As of December 29, 2009: http://www.who.int/hiv/HIVCP_GTM.pdf

————, *WHO Honduras Profile for HIV/AIDS Treatment & Scale-Up*, Washington, D.C., December 2005c. As of December 29, 2009: http://www.who.int/hiv/HIVCP_HND.pdf

WHO, PAHO, and UNAIDS, *Belize: Epidemiological Fact Sheets on HIV/AIDS and Sexually Transmitted Infections, 2006 Update*, Geneva: UNAIDS, December 2006a.

———, *Honduras: Epidemiological Fact Sheets on HIV/AIDS and Sexually Transmitted Infections, 2006 Update*, Geneva: UNAIDS, December 2006b.

WHO, UNAIDS, and UNICEF, *Belize: Epidemiological Fact Sheet on HIV and AIDS, 2008 Update*, Geneva: UNAIDS/WHO Working Group on Global HIV/AIDS and STD Surveillance, July 2008a. As of December 29, 2009: http://www.who.int/globalatlas/predefinedReports/EFS2008/full/EFS2008_BZ.pdf

———, *Guatemala: Epidemiological Fact Sheet on HIV and AIDS, 2008 Update*, Geneva: UNAIDS/WHO Working Group on Global HIV/AIDS and STD Surveillance, July 2008b. As of December 29, 2009: http://www.who.int/globalatlas/predefinedReports/EFS2008/full/EFS2008_GT.pdf

———, *Honduras: Epidemiological Fact Sheet on HIV and AIDS, 2008 Update*, Geneva: UNAIDS/WHO Working Group on Global HIV/AIDS and STD Surveillance, July, 2008c. As of December 29, 2009: http://www.who.int/globalatlas/predefinedReports/EFS2008/full/EFS2008_HN.pdf

———, *Towards Universal Access: Scaling up Priority HIV/AIDS Interventions in the Health Sector*, Geneva: WHO, April 2007.

Woldehanna, Sara, Karin Ringheim, and Colleen Murphy, *Faith in Action: Examining the Role of Faith-Based Organizations in Addressing HIV/AIDS*, Washington, D.C.: Global Health Council, 2005.

World Bank, *HIV/AIDS in Central America: An Overview of the Epidemic and Priorities for Prevention*, Washington, D.C., September 2003.

———, *Reduciendo La Vulnerabilidad Al VIH/SIDA En Centroamérica. Guatemala: Situación Del VIH/SIDA y Respuesta a La Epidemia*, Washington, D.C., December 2006.

World Christian Database, website, 2005. As of December 29, 2009:
http://www.worldchristiandatabase.org/wcd/

World Vision International, "World Vision's Channels of Hope Methodology: Empowering Local Churches in Their HIV Response," 2008. As of December 29, 2009:
http://www.wvi.org/wvi/wviweb.nsf/272A45E3414F256C882573DB006D5814/$file/wvi_hope_iac_05COH-flr_0708_lores.pdf